Os últimos melhores dias da minha Vida

**GILBERTO DIMENSTEIN
e ANNA PENIDO**

Os últimos melhores dias da minha Vida

3ª edição

EDITORA RECORD
RIO DE JANEIRO • SÃO PAULO
2021

CIP-BRASIL. CATALOGAÇÃO NA PUBLICAÇÃO
SINDICATO NACIONAL DOS EDITORES DE LIVROS, RJ

D578u
3ª ed.

Dimenstein, Gilberto, 1956-2020
 Os últimos melhores dias da minha vida / Gilberto Dimenstein, Anna Penido. – 3ª ed. – Rio de Janeiro: Record, 2021.

ISBN 978-65-5587-129-6

1. Dimenstein, Gilberto, 1956-2020. 2. Jornalistas – Brasil – Biografia. I. Penido, Anna. II. Título.

20-65868

CDD: 920.5
CDU: 929:070(81)

Camila Donis Hartmann – Bibliotecária – CRB-7/6472

Copyright © Gilberto Dimenstein e Anna Penido, 2020

Ilustrações de capa e encarte: Paulo von Poser

Todos os direitos reservados. Proibida a reprodução, armazenamento ou transmissão de partes deste livro, através de quaisquer meios, sem prévia autorização por escrito.

Texto revisado segundo o novo Acordo Ortográfico da Língua Portuguesa.

Direitos exclusivos desta edição reservados pela
EDITORA RECORD LTDA.
Rua Argentina, 171 – Rio de Janeiro, RJ – 20921-380 – Tel.: (21) 2585-2000.

Impresso no Brasil

ISBN 978-65-5587-129-6

Seja um leitor preferencial Record.
Cadastre-se em www.record.com.br
e receba informações sobre nossos
lançamentos e nossas promoções.

Atendimento e venda direta ao leitor:
sac@record.com.br

*Para
Marcos, Gabriel, Joana,
Zeca e Flora*

SUMÁRIO

Parte I 9
Dias de taturana 11
Dias de borboleta 23
Dias com propósito 33
Dias de bundar 41
Dias de (in)dependência 45
Dias de amor 49
Dias de corrente 53

Parte II 61
Dias de cobaia 63
Dias de dor e prazer 67
Dias na Vila Madalena 75
Dias de confinamento 81
Dias de refresco 89
Dias de avô 93

Parte III 97
Dias de desfecho 99
Dias de despedida 105

Dias de se lembrar da infância 111
Dias de pensar na morte..113

De: Anna. Para: Gilberto..117
Posfácio: Dias de virar livro..133
Agradecimentos..137

PARTE I

DIAS DE TATURANA

"Você está com câncer." A notícia me chegou através de um sonho. Justo para mim, que sempre desconfiei desse tipo de coisa. A minha formação foi rigorosamente científica, lógica, matemática. Eu só acreditava em alopatia, estatísticas, grupos de controle. Para mim, a ciência é extraordinária justamente por sua capacidade de provar, de usar métodos racionais para gerar evidências e certificar a verdade. E, de repente, um sonho se antecipa a todas as tomografias.

Foi uma coisa muito rápida. A mulher aparecia de corpo inteiro, vestida com uma roupa escura, mas eu só me lembro do seu rosto iluminado, que se aproximava aos poucos de mim. Era jovem, mas não muito. Não parecia um ser etéreo, mas uma médica confiável, apresentando um diagnóstico. Tive a sensação de que ela conhecia alguma coisa que me era desconhecida e de que traduzia algo que eu precisava saber. Ela transmitiu a mensagem de forma bastante clara. Depois, desapareceu.

Apesar de todo o meu ceticismo, acreditei na "médica" do sonho, porque já tinha vivido situações parecidas. No final da década de 1970, durante o regime militar, eu participava de um grupo trotskista com colegas da universidade. Estávamos na última fase da repressão, já tinham matado o Vladimir Herzog, jornalista como eu. Uma noite, sonhei com meu avô Marcos, morto muitos anos antes. "Foge de São Paulo! Foge de São Paulo já", ele me alertava.

De manhã, fui para a faculdade sem dar muita atenção ao sonho. No caminho, topei por acaso com um colega do grupo. Ele me pediu ajuda para "limpar" a sua casa, porque "todo mundo estava caindo". Ou seja, queria eliminar os vestígios das nossas discussões, porque tínhamos sido denunciados. Eu me senti muito mal de negar ajuda, mas pedi desculpas e disse que não poderia acompanhá-lo. Ele foi para casa sozinho e acabou sendo preso. Mais tarde, descobri que tinham me entregado como líder do movimento. Logo eu que nem sabia ao certo o que estava fazendo ali.

A decisão de participar daquele grupo trotskista teve um propósito mais social do que socialista. Era uma oportunidade de estar com os amigos, de me aproximar das meninas. Nunca acreditei em comunismo. Sempre defendi a igualdade, mas não compactuava com a ideia de um Estado opressor. Então, Trotsky me pareceu uma alternativa mais sofisticada. Além disso, era uma vítima da opressão, já que tinha sido assassinado a mando de Stalin.

Mas a minha brincadeira subversiva acabou logo após aquele sonho traumático, pois tive mesmo que fugir de São Paulo e largar tudo para trás, inclusive o curso de Ciências Sociais na PUC e o de Jornalismo na Faculdade Cásper Líbero. Naquele mesmo dia, meu pai foi me deixar na estação ferroviária, porque eu achava arriscado viajar de ônibus. Na plataforma, vivi uma daquelas situações horrorosas, em que se é tomado pelo medo. Eu tinha 20 e poucos anos, era muito menino, fiquei sem chão. Já tinha ouvido todos aqueles relatos sobre tortura, entrei na paranoia. Foi um tempo muito difícil.

O sonho com a "médica" teve mais impacto porque me lembrou do sonho com o meu avô Marcos, que sempre foi a minha principal referência de acolhimento e proteção. Acabei levando o aviso a sério, mesmo tendo aparecido em um momento em que gozava de uma condição física invejável. Havia algum tempo vinha tomando uma série de decisões que priorizavam a minha saúde.

No início da minha carreira, adotei o kit básico de todo jornalista daquele tempo e, além de fumar, passei a abusar muito da bebida. Não cheguei a ser alcoólatra, mas, lá para as tantas, percebi que perdia o controle. Nos finais de semana, começava a beber antes do meio-dia. Daí por diante, tudo que fazia era acompanhado de bebida — jantares, festas, eventos de trabalho.

Como eu tinha transtorno de ansiedade e não tomava remédio, o álcool criava uma aparente sensação de alívio. Era um prazer imenso acordar cedo, tomar café e, em seguida, beber um Jack Daniel's. Anos depois, abandonei o bourbon e continuei abusando do vinho. Não bebia para degustar, mas para me encharcar. Tomava logo três, quatro taças em cada refeição. Lembro de estar sempre alto, em alguns períodos mais do que em outros. Mas, quando o entorpecimento passava, o efeito era devastador. Acordava no meio da noite e não conseguia mais dormir. Meu estômago estava sempre estourado.

Eu caminhava bastante, mas nunca fui de praticar ginástica ou atividades esportivas. Era um fracasso neste quesito. Aliás, para ser bem honesto, sempre tive um pouco de desprezo por quem fazia esporte. Achava que era desperdiçar um tempo que poderia ser mais bem utilizado com leitura e estudo. Para mim, essa coisa de ficar sarado era uma bobagem. No meu imaginário, você não podia malhar e, ao mesmo tempo, ser um cientista que inventa a cura do câncer ou um escritor que publica um livro importante.

Fui criado em um ambiente de judeus intelectuais e não conseguia imaginar caras como Sigmund Freud, Karl Marx ou Walter Benjamin malhando. Só conseguia vê-los barbados, de óculos, carecas ou despenteados. O Albert Einstein dizia que uma vida que não enriquece o outro é uma vida desperdiçada. Eu não só concordava com ele como dividia as pessoas entre aquelas que faziam coisas que eu considerava "relevantes" e as que não faziam coisas "relevantes".

No grupo dos "relevantes", incluía as pessoas que passavam a sua existência em um laboratório ou biblioteca, escrevendo, produzindo coisas inesquecíveis na ciência, na medicina, na literatura, no teatro. Gente como Alexander Fleming ou Albert Sabin, que conheci quando veio ao Brasil. Os malhadores não faziam parte dessa categoria. Não digo que estou certo, mas era assim que pensava. Por isso, o esporte não fazia parte da minha vida, nem como espectador.

Quando o sonho apareceu, teve um impacto muito grande, mas, ao mesmo tempo, parecia tão desproposital, porque eu já tinha parado de fumar havia décadas e estava abstêmio fazia mais de seis anos. Não bebia uma gota de álcool, não tomava café, nem comia carne vermelha. Eu precisava apenas diminuir o consumo dessas coisas, mas, como não era um cara equilibrado, preferi cortar logo tudo. Também nunca fui natureba, mas me alimentava de forma saudável.

Mais recentemente, tinha comprado uma bicicleta. Era elétrica — para que conseguisse subir as ladeiras do meu bairro, a Vila Madalena —, mas daquelas que você tem que pedalar. E eu pedalava por horas, com um desempenho cada vez melhor. Andava por toda São Paulo. Aproveitava as ciclovias, ia para a Avenida Paulista, seguia até o bairro do Jabaquara — que é longe pra burro — e voltava sem cansar.

Para completar, tomei uma decisão inusitada. Um dia, tive dificuldade de carregar meu neto e percebi que não era ele que estava mais pesado, mas eu que ficava cada vez mais fraco. Contra todas as minhas promessas em contrário, resolvi fazer musculação com uma *personal trainer*. Era uma profissional especializada em terceira idade, já que eu não tinha pretensão de ficar sarado aos 62 anos. Comecei a treinar uma vez por semana e, logo em seguida, estava treinando todo dia.

Os médicos me diziam que, depois de uma certa idade, perde-se muita massa magra e é preciso compensar. De fato, a musculação me fez redescobrir um potencial físico que não imaginava mais ter. A barriga diminuiu, meus braços e pernas ficaram fortes, e eu pedalava com mais vigor. Já subia algumas ladeiras de bicicleta sem precisar usar o motor. Voltei a caminhar e a carregar meu neto com desenvoltura. Era como se tivesse deixado a velhice de lado em poucos meses.

Ironicamente, depois de tantas críticas, acabei virando uma espécie de "malhador". O que posso dizer, em minha defesa, é que não tinha nenhuma vaidade, nem queria ter músculos para usar camiseta apertada. Com o avanço da idade, fui ficando mais cansado e comecei a me deparar com a fragilidade da vida. Senti que minhas possibilidades diminuíam e não queria perder a vitalidade que me ajudava a realizar meus projetos. Tive a clara sensação de que meu corpo era um templo e que precisava cuidar dele para manter a minha mente ativa. Eu tinha um propósito que me ligava à vida, por isso a vida não podia ser desperdiçada.

Enfim, quando o sonho chegou, eu estava no auge da minha saúde. Não sentia absolutamente nada, além do eterno combo de pessoa ansiosa — refluxo, gastrite e esofagite. Tinha feito checkup dois meses antes — endoscopia, colonoscopia, ultrassonografias, exames de próstata, coração, tudo que o plano de saúde paga. Os médicos eram taxativos em dizer que não tinha nada, que "estava limpo". A sensação de bem-estar físico também continuava, mas o sonho tinha mexido comigo. Foi aí que aconteceu uma daquelas coincidências inexplicáveis.

Meu médico tinha viajado de férias e resolvi procurar um especialista, ao invés de esperá-lo retornar. A sorte só aparece quando você está em movimento. A frase tem cara de autoajuda, mas foi uma das grandes lições que aprendi com a vida. Sem perda de tempo, resolvi me movimentar e acabei parando no consultório de um cirurgião gástrico chamado Frederico Teixeira. Só mais tarde, descobri que ele era especializado em cirurgias oncológicas. Relatei a minha preocupação, e o médico pediu que fizesse uma tomografia para descartar a dúvida.

Consegui marcar o exame para as 22 horas daquele mesmo dia e me dirigi ao hospital sozinho, confiante de que não tinha nada, de que tudo não passava de um sonho ruim. Terminei a tomografia e me pediram para aguardar em uma sala de espera já completamente vazia. Fiquei um bom tempo sozinho naquele cômodo imenso. Acho que era a única pessoa em todo o andar. A demora foi me deixando inquieto. Geralmente, liberam a gente logo depois do exame, e eu me perguntava o que poderia estar me prendendo ali.

Finalmente, um enfermeiro desceu e disse que eu tinha que ir ao pronto atendimento tomar uma injeção para dor, porque estava com pancreatite. Garanti a ele que não sentia nada e me recusei a fazer qualquer procedimento sem a orientação do meu médico. No táxi de volta para casa, consultei o Google e li que pancreatite costuma dar em quem bebe ou tem problema na vesícula. No entanto, além de ser abstêmio, eu também já tinha tirado a vesícula. Como sou daquelas pessoas que usam a internet o tempo todo, cometi a grande bobagem de continuar pesquisando, desta vez sobre câncer de pâncreas. As informações que encontrei foram aterradoras. Uma doença letal, que só tem tratamento paliativo e mata os pacientes em um período de um mês a, no máximo, um ano. Evidentemente, os dados não eram precisos, mas tomei um choque ao imaginar que, de fato, poderia estar com um tumor maligno.

Quando cheguei em casa, Dr. Frederico já tinha sido avisado pelo hospital do resultado do exame e confirmou a possibilidade do meu sonho ter fundamento. Por mais estranho que pareça, não reagi com desespero. Dizem que, ao receber esse tipo de notícia, a pessoa passa por três fases: a negação, a rebeldia e a resignação. Eu já estava resignado. A minha cabeça continuava lá no Google: "Mais um mês." Comecei a pensar na distribuição dos bens para a família.

No dia seguinte, retornei ao hospital para fazer uma ressonância magnética que confirmou o resultado da tomografia. Só voltei para casa dez dias depois, quando tive alta da cirurgia que extraiu o meu tumor. Era um adenocarcinoma localizado na cauda do pâncreas e foi retirado bem no comecinho, algo muito raro, porque esse tipo de câncer costuma ser assintomático e, quando descoberto, já estar em estágio avançado. O sucesso da operação nos encheu de otimismo, assim como o sonho, considerado um verdadeiro "milagre" justamente por ter avisado da doença ainda no início. Agarrei-me nessa história como um sinal de que tinha chance, de que havia possibilidade de cura.

Passei a ser tratado pelo Dr. Paulo Hoff, um dos melhores oncologistas gastrointestinais do país. Para aumentar a minha esperança, já na primeira consulta, ele mencionou que eu começaria a fazer quimioterapia com uma medicação que tinha sido aperfeiçoada com recursos do governo francês e apresentava resultados animadores junto a pacientes em fase inicial de câncer de pâncreas. Segundo ele, no ano anterior, a droga havia sido uma das estrelas do principal congresso de oncologia do mundo, em Chicago, nos Estados Unidos.

Como nesse primeiro momento só tivemos boas notícias, nada me derrubava. Pensava ter tirado a sorte grande e sustentava a ideia de que estava curado. Acontece que, no meio do caminho, apareceu uma febre, melhor dizendo, uma febrícula, uma febrinha de nada. Pensei que era só tomar um antitérmico, mas os médicos acharam melhor irmos ao hospital. E aí, o que era para ser um atendimento de uma hora durou uma semana inteira. Eles não conseguiam descobrir o que estava provocando a elevação de temperatura, mas se mantinham positivos, achando que deveria ser uma infecção decorrente da cirurgia. Os antibióticos fizeram efeito, a febre e os marcadores de infecção baixaram, e eu já me animava para voltar para casa. Só que Dr. Paulo não se satisfez com os resultados dos exames e pediu uma biópsia.

Foi aí que o meu otimismo começou a se desmontar, porque os meus abscessos infecciosos, na verdade, eram tumores no fígado. Eu tinha metástase, e o que parecia um tratamento tranquilo se tornou bem mais complicado. Agora, precisava fazer uns três meses de quimioterapia até o câncer estacionar ou diminuir para, em seguida, retirar os novos carcinomas por meio de outra cirurgia.

A esta primeira pancada, seguiu-se logo uma segunda, quando, algumas semanas depois, recebemos a notícia de que a medicação "salvadora" não havia funcionado. Ao invés de diminuir, meus tumores continuaram a crescer. Voltamos à estaca zero. Foi aí que eu tive a clara sensação de que estava perdendo a guerra. E foi nesse momento, diante de todas estas derrotas, que começou o meu processo mais profundo de reflexão sobre a vida.

Sempre fui absolutamente louco por trabalho. Trabalhava da hora que acordava até a hora de dormir, inclusive nos finais de semana e feriados. Quando era diretor da *Folha de S.Paulo*, tirava férias para fazer reportagens investigativas sem que o cotidiano da redação pudesse me incomodar. Sempre inventava alguma coisa para fazer em meio às minhas viagens de lazer. Até em lugares como Nova York, em que me sentia muito relaxado, eu inventava tarefas, articulava projetos, mandava matérias que ninguém estava esperando. Era uma coisa obsessiva, sem controle.

As minhas conversas também eram funcionais. Só me interessava por assuntos de trabalho ou projetos sociais. Nem me passava pela cabeça sentar em uma mesa de bar para jogar conversa fora. Lia o tempo todo, viajava para várias partes do mundo, tinha passado temporadas na Universidade de Harvard e na Universidade Columbia, então estava sempre conectado com o que acontecia no mundo. Ao mesmo tempo, havia essa desconexão com as pessoas. Em encontros presenciais, eu logo me distraía. Meu olhar parava de acompanhar o interlocutor, e ele percebia que eu já não estava mais ali. Ao telefone, desligava a chamada antes de a pessoa terminar de falar, porque eu já estava desligado.

O meu déficit emocional era tão grande quanto a minha habilidade profissional. Eu fazia reportagens, escrevia livros, ganhava prêmios, mas era um zero à esquerda nos relacionamentos. Só conseguia me ligar às pessoas quando elas precisavam de mim. Me orgulhava de nunca ter deixado faltar nada a quem necessitasse da minha ajuda, mas mantinha uma certa distância da família e não tinha paciência para cultivar amizades. Era incapaz de aprofundar relacionamentos afetivos, porque isso significava ter de falar sobre sentimentos. Não percebia a riqueza das relações humanas.

Fui ficando muito acompanhado do ponto de vista profissional e muito sozinho no âmbito pessoal. Era uma vida pobre, uma vergonha, uma burrice. Percebia o que se passava, mas não conseguia mudar. Parecia que me faltava um *software* capaz de rodar emoções. Sentia-me um analfabeto emocional.

Para completar, tinha o tal transtorno de ansiedade e carregava comigo uma sensação permanente de ameaça. Sentia uma insegurança difusa, sem causa aparente, mas que me deixava o tempo todo em estado de alerta, como se uma tragédia pudesse acontecer a qualquer momento. Para mim, a ansiedade era uma espécie de câncer da alma, uma doença que me corroía por dentro e me deixava muito cansado. Eu me preocupava com tudo o tempo todo — se ia morrer, se meus filhos ou minha mulher iriam morrer, se o Brasil entraria em crise, se o mundo entraria em colapso. Vivia em função de um medo presente e da projeção do futuro.

O estresse era tamanho, que me fazia reagir com vômitos, gases, queimação. Por isso, sempre achei que teria câncer na região do estômago. Eu pensava: "Isso aí não vai resistir." A origem da minha doença talvez seja outra, possivelmente uma predisposição genética, mas toda essa agitação deve ter provocado um impacto no meu corpo.

A ansiedade também me impedia de ter foco e se somava a uma boa dose de déficit de atenção. Eu era ligado e desligado ao mesmo tempo. Mas a principal consequência desse transtorno era me deixar afobado, mesmo que não tivesse qualquer motivo para afobação. Estava sempre em dívida com o tempo, meu maior inimigo. Não conhecia o prazer, nem conseguia apreciar, com calma, uma música, um filme, um livro, uma comida. A minha vida cultural também empobreceu. Parei de me dedicar à literatura — algo inimaginável. Só lia matérias e relatórios. O mesmo aconteceu com a música. Não acompanhava mais os lançamentos de jazz, os novos cantores. A minha relação com a arte se degradou.

A situação piorou quando eu e meus filhos criamos o site Catraca Livre e tive que entrar de cabeça no mundo da tecnologia. Ficava grudado no celular o tempo todo, monitorando a audiência a cada minuto, a cada segundo, até mesmo de madrugada. Acompanhava os seguidores, os comentários, os likes e deslikes no portal, nas redes sociais, no e-mail. Acordava às 4 horas da manhã já preocupado em ver as últimas notícias e mandar dicas para a redação. Ou seja, uma imbecilidade.

A minha psiquiatra, Fabíola Luz, dizia que, quando você elimina um vício, acaba cultivando outro. Tem pessoas que deixam a compulsão por comida, mas viram jogadores. Parei de beber, mas o celular assumiu o lugar da bebida. Em qualquer ambiente social, as pessoas vinham falar comigo, mas eu estava distraído com uma notícia qualquer, como se fosse a coisa mais importante do planeta. Lia até aquelas bobagens sobre celebridades que não faziam o menor sentido. O mundo digital acelerou ainda mais a minha alienação. A vida parecia integrada à realidade, mas era totalmente irreal.

Quando o câncer apareceu, percebi que não estava com medo de morrer. Não fiquei deprimido, não chorei, não me angustiei. Fiz um balanço da minha vida e, apesar de ter errado muito e feito muita cagada, no geral, se seguisse aquela definição do Einstein, eu podia ir embora sossegado. Montei várias organizações sociais, apoiei muitas causas relevantes, ajudei a promover os direitos de crianças e adolescentes, articulei diversos projetos para melhorar a minha cidade.

O que me preocupava era a reação que a minha morte causaria nas pessoas queridas, por isso tentava criar uma espécie de compensação, calculando quanto deixaria para cada um. A ideia de que todo mundo ficaria com algum apoio material me confortava. Também me afligia com o futuro da Orquestra Sinfônica Heliópolis, projeto de educação musical do Instituto Baccarelli voltado para crianças e jovens da maior favela de São Paulo, que me encantava por seu nível de excelência e inclusão social. Havia assumido a presidência do conselho da Orquestra quando ela corria o risco de paralisar suas atividades por falta de recursos. Temia que a iniciativa voltasse a tropeçar se eu partisse naquele momento. Precisava de mais uns seis, sete meses para conseguir reorganizar o sistema de gestão da instituição e captar os fundos necessários para assegurar a sua sustentabilidade. As coisas não estavam organizadas nem no âmbito da família, nem dos projetos sociais, portanto eu precisava correr para dar conta do que seria o meu último gesto funcional.

Paralelamente, a minha cabeça já começava a sofrer uma grande reviravolta. Eu, que sempre tentei controlar o futuro, resolvi me render a ele. Uma atitude que me ligava ao conceito de *surrender*, palavra em inglês usada pelos budistas para descrever essa entrega incondicional ao que não podemos controlar. A mudança me trouxe um alívio enorme. Decidi que não iria viver em função das estatísticas do Google. Ainda tinha tempo de fazer algo relevante com a minha vida, e tive a clareza de que não poderia ir embora com aquele déficit emocional. Não poderia ir embora com aquele buraco. A partir de então, o câncer se tornou a chance de eu matar o antigo Gilberto Dimenstein e fazer nascer uma versão melhor de mim mesmo.

DIAS DE BORBOLETA

Há alguns anos, vi uma frase no Aeroporto de Boston que nunca me saiu da cabeça. Dizia mais ou menos assim: "Quando pensou que iria morrer, virou borboleta." Demorei muito para acreditar que as taturanas se transformassem em borboletas.

Nasci ao lado do Parque Ibirapuera quando a vegetação se estendia por todo o seu entorno. Ainda não havia por ali a Assembleia Legislativa, o ginásio de esportes, o quartel, mas o que não faltava naquela região era taturana. Quando via aquele bicho feio e rastejante que, ainda por cima, podia me queimar, achava que esmagá-lo era um trabalho de assistência social. Só agora compreendi que, apesar de todas as minhas conquistas profissionais, do ponto de vista emocional, sempre fui uma taturana.

O câncer me transformou em uma borboleta em pleno voo. Após a doença, a minha existência se tornou um campo de descobertas e foi incorporando sons, cores, sensações e emoções que ressignificaram a minha relação comigo mesmo e com todos à minha volta. Descobri uma rede de afetos e o amor incondicional. Comecei a viver o presente e os pequenos prazeres que me trazia.

Em uma de suas poesias, Alberto Caeiro diz que o rio da aldeia dele é o mais bonito justamente por ser o rio da aldeia dele. Esse poema sempre me deixou encucado. Por que o mais belo é o que está mais próximo? Finalmente, entendi o que o poeta queria dizer. A nossa casa na Vila Madalena tem um jardim. Toda manhã, invariavelmente, eu tomava meu chá com granola olhando para aquela paisagem sem que me chamasse a atenção. Descobri que o jardim da nossa casa é o mais bonito do mundo, porque é o jardim da nossa casa.

Passei a olhar para ele de um jeito diferente. Nunca tinha notado que a mangueira dava tantos frutos e de cores tão variadas. Percebi que as orquídeas enxertadas nas árvores florescem na época do meu aniversário. Passei a sentir o cheiro do jasmim. Ficava encantado com o colorido das helicônias, aquelas plantas vermelhas trançadas, que parecem esculturas. Apreciava cada sutileza e me refestelava quando a chuva caía, exalando um festival de fragrâncias.

De manhãzinha, comecei a acompanhar a chegada dos passarinhos — maritacas, rolinhas, sabiás, bem-te-vis, beija-flores. Ficava chateado quando esqueciam de colocar alpiste aos pés das jabuticabeiras e eles não vinham tomar café comigo. Imagine se antes ia ficar aborrecido porque não tinha passarinho no jardim.

Esse mesmo fenômeno aconteceu no chalé que frequentávamos no Hotel Ponto de Luz, na Serra da Mantiqueira, onde passei uma semana acompanhando uma rosa brotar. No dia que chegamos, era um pequeno botão e foi crescendo, crescendo, até desabrochar por inteiro. Imagine se antes ia ter paciência para ver uma flor nascer.

Nessa época, eu já começava a sentir os efeitos da quimioterapia. O cansaço se instalava em mim como uma grande preguiça. Estava mais lento, provavelmente mais próximo do ritmo normal das outras pessoas. Como passava mais tempo na cama, aproveitei para assistir a filmes antigos. Revi *O poderoso chefão* e me espantei com as cenas de Marlon Brando dialogando com Al Pacino. Eu pensava: "Como não vi essas expressões antes?" Não vi porque o meu corpo estava no cinema, mas a minha mente vagava por outro lugar.

Também assisti a *Era uma vez na América*, filme de Sergio Leone com Robert De Niro no papel principal. O efeito foi o mesmo. Me lembrava da música de Ennio Morricone, mas não me recordava de como se encaixava perfeitamente nas cenas, como traduzia os olhares apaixonados e desesperados dos personagens.

Tive um prazer totalmente novo ao rever a sensualidade de Sônia Braga e a irreverência de José Wilker em *Dona Flor e seus dois maridos*. A cena dela ensinando as amigas a fazer siri mole e aquelas imagens do Pelourinho, na Bahia, atiçaram a minha imaginação. Comecei a sentir cheiros e sabores, embalado pela voz de Simone cantando "O que será", de Chico Buarque. Fui revendo aqueles filmes antigos como se fosse a primeira vez.

Na rua, pedalava a minha bicicleta e sentia o vento beijar o meu rosto. Às vezes, estava deitado de frente para a janela do meu quarto e a brisa vinha brincar com os meus pés. Muitas dessas sensações me fizeram lembrar da minha infância, quando ainda não tinha sido corrompido. Foi como se ganhasse um *upgrade* no meu *software* emocional. Passei a celebrar a vida.

Tão importante quanto a minha metamorfose de taturana para borboleta foi a minha migração do território do ódio para o das gentilezas. Donald Trump e Jair Bolsonaro não inventaram, mas sintetizaram e disseminaram a discórdia. E, ao discordar de seus posicionamentos, tornei-me um ser odiável para muita gente. O número de ataques que recebia era uma coisa inacreditável. Vivi profundamente esse submundo, tanto o do ódio gratuito quanto o do ódio que compra espaço nas mídias sociais por meio de centenas de robôs.

Olha que a minha autoestima era boa, mas virei alvo de milhares de ofensas, principalmente quando a Catraca Livre se tornou o primeiro veículo de comunicação do país a assumir uma posição de não neutralidade nas eleições presidenciais. Criamos a campanha *Bolsonaro Não*, que ajudou a formatar a campanha *Ele não*. Eu me imaginava como jornalista na época da República de Weimar, quando Adolf Hitler se candidatou a líder do Parlamento alemão. Acreditava que não poderia assumir uma atitude neutra, tratando alguém tão perigoso da mesma forma que aos demais candidatos. Apanhei muito por conta disso.

As mídias sociais contribuíram para amplificar essa cultura do linchamento, abrindo espaço para que anônimos pudessem manifestar publicamente os seus ressentimentos. Hoje, todo mundo que se posiciona na internet corre o risco de ser sumariamente condenado. Aliás, vale lembrar que até Jesus Cristo foi crucificado depois de uma consulta popular. Pôncio Pilatos perguntou quem deveria viver, e o povo escolheu Barrabás. As massas amam odiar, por isso enlouquecem diante de um suposto inimigo. Os movimentos mais cruéis da história da humanidade foram apoiados por multidões raivosas. Foi assim com o fascismo, nazismo, stalinismo, maoísmo.

Admito que também tinha um lado meu que amava odiar pessoas como o Olavo de Carvalho, que propagam a homofobia e o desmatamento, questionam as ciências, a cultura e a diversidade. Mas, quando entrei no território do câncer, encontrei uma espécie de Shangri-Lá, onde as pessoas sempre queriam compartilhar uma poção mágica capaz de me curar. Todo mundo tinha uma oração, um chá, uma alimentação especial para indicar. Todo mundo conhecia um médico, um curandeiro, um líder espiritual, um remédio para me ajudar. Todo mundo sabia de alguém que fez um tratamento milagroso que poderia me salvar. Todo mundo tinha um livro, um texto, uma poesia, uma palavra para enviar. Na Vila Madalena, até chefs de cozinha se ofereciam para me preparar alimentos orgânicos. E, mesmo sem acreditar em muito do que me ofereciam, comecei a apreciar essas manifestações de gentileza, protagonizadas por pessoas próximas, por outras que não via há muito tempo e por algumas que nunca conheci, mas que também chegavam a mim pelas redes sociais.

Um dia, acordei bem cedo com alguém tocando a campainha. Era Joana, minha enteada, que mora em Portugal e chegava de surpresa em São Paulo só para nos abraçar. A essa altura, já me agradava ouvir as pessoas falarem à minha volta. Mesmo cansado, eu deitava no sofá e escutava as conversas com um outro grau de percepção. Só então me dei conta do quanto a minha falta de atenção me fez negligenciar essa rede de afetos, tão importante para o ser humano.

Médicos e enfermeiros também faziam parte dessa teia de delicadezas. Sempre gostei de contar histórias de pessoas invisíveis, mas meu estado de fragilidade me levava a ter ainda mais interesse pela vida de quem cuidava de mim. Queria saber quem eram, com quem estavam namorando, como haviam chegado até ali. Nas clínicas e nos hospitais que frequentei, ouvi relatos incríveis sobre dores, amores, conquistas e frustrações. Essa atitude permitiu que relações meramente profissionais acabassem se tornando profundas trocas humanas.

Claro que o cansaço, o formigamento, a inapetência e a impotência sexual que o câncer traz são extremamente perturbadores. No entanto, ouso dizer que adentrar esse mundo encantado da sensibilidade me fez enxergar a doença como uma parada estratégica e não necessariamente o fim da vida. Porque a vida pode não acabar agora, mas vai acabar de qualquer jeito, e essa proximidade da morte nos faz ter a noção do que é essencial, desmontando muitas das nossas ambições de poder e consumo, dos nossos pequenos ódios e ressentimentos. Foi assim que abandonei o meu casulo para nascer borboleta. Ninguém quer morrer, mas comecei a gostar da ideia de me despedir da vida daquela maneira.

Aos poucos, fui redescobrindo esse espaço de fruição que tinha eliminado do meu cotidiano e lembrei do grande amigo Rubem Alves, psicanalista, educador e escritor, que dizia que "a vida não se justifica pela utilidade, mas pelo prazer e pela alegria". Anos atrás, quando ele veio dormir em nossa casa, coloquei um disco de Villa-Lobos para tocar e fui tomar banho. Quando voltei, ele chorava copiosamente. Pensei que tinha acontecido uma tragédia, mas as lágrimas eram de pura emoção.

Assim como acontecia com Rubem, o câncer me fez viver fortes experiências musicais. Milton Nascimento foi a trilha sonora da minha vida desde a adolescência. Eu tinha uma relação muito profunda com ele e com suas músicas. É difícil jornalista experiente se impressionar com celebridade. Somos cínicos e céticos demais para nos tornar fãs. Um belo dia, eu estava na redação da *Folha de S.Paulo* em Brasília quando alguém disse que o Milton estava ao telefone querendo falar comigo. Como era hora de fechamento, pensei que fosse pegadinha de algum colega, coisa muito comum de acontecer. Atendi já com vontade de mandar o engraçadinho para aquele lugar, mas era o Milton mesmo. Sinceramente, fiquei sem palavras.

Ele me convidou a fazer uma apresentação para a capa do disco *Amigos*, que estava gravando com corais infantis de Minas Gerais. Foi o texto mais difícil da minha vida. Só consegui entregar na última hora. Acabei me inspirando em uma frase do poeta indiano Rabindranath Tagore, que me impressionava muito: "A criança é a esperança infinita de Deus nos homens."

Durante toda a minha vida, para onde eu ia, levava a música do Milton. Quando fui morar nos Estados Unidos, ele me mandou toda a sua coleção de CDs remasterizada. Eu ouvia o tempo todo e me impressionava com o Clube da Esquina, movimento que rompeu com os padrões da música popular brasileira. Ficava especialmente emocionado com a canção "Clube da Esquina 2", a minha favorita.

Quando o câncer começou a avançar e a minha sensibilidade se aguçou, decidi convidar André Mehmari, pianista, compositor, arranjador e um dos grandes músicos brasileiros, para tocar com a Orquestra Sinfônica Heliópolis. A ideia era ele produzir arranjos para as principais músicas do Clube da Esquina e participar de um concerto no Auditório do Masp.

Os arranjos ficaram tão inusitados que achei um desperdício oferecer a experiência a apenas quinhentos espectadores. Como havia criado um fundo para bancar projetos da Orquestra, perguntei a Mehmari se podíamos gravar o concerto e produzir um CD. Como ele tem ouvido absoluto e é muito exigente, achei que não toparia. Para se ter uma ideia, Mehmari construiu um estúdio inacreditável no meio do mato, onde não há barulho e as gravações chegam ao máximo da perfeição. Felizmente, dispúnhamos de verba para garantir um mínimo de qualidade ao processo, e ele concordou em fazermos um vídeo para o YouTube e cem cópias do CD para homenagear apoiadores do Instituto Baccarelli.

O concerto foi uma coisa de louco, um marco da versão Gilberto 2.0. Consegui ouvir todos os detalhes dos arranjos, percebendo o som do oboé, do fagote, dos violinos, dos *cellos*, dos trompetes. Parecia que alguém tinha limpado a cera dos meus ouvidos. Lembrei das pessoas com deficiência que costumam apurar seus outros sentidos. Fiquei emocionado ao ver as músicas que fizeram parte de toda a minha história me ajudarem a alcançar outra dimensão existencial. Sabia que tinha uma grande chance de não sobreviver, sentia que estava indo embora e queria curtir meus últimos dias.

O CD ficou pronto depois de Mehmari passar algumas madrugadas cuidando da mixagem. Para completar a experiência, recebi um dos títulos mais legais da minha vida. Já tinha alguns bem interessantes, como *fellow* da Universidade de Harvard e acadêmico visitante da Universidade Columbia. Mas adorei quando Mehmari decidiu me colocar na ficha técnica do CD como produtor executivo.

A música clássica também inundou meus sentidos durante a doença. Tenho muita admiração por Isaac Karabtchevsky, grande maestro brasileiro, com ampla reputação internacional. Já o conhecia desde pequeno, quando assistia às aulas sobre música erudita que ele apresentava na televisão. Como Isaac é o coordenador artístico da Orquestra Sinfônica Heliópolis, ficamos bem próximos.

Com ele, descobri a beleza dos adágios, um movimento lento e cheio de silêncios, que expressa o máximo da dor, da angústia, da perplexidade. Fui vê-lo reger a Orquestra Heliópolis em um concerto com programa exclusivamente dedicado a esse estilo musical. Como estava muito mais presente e aberto às sutilezas, pude ouvir com atenção cada nuance, cada silêncio, como se nunca tivesse escutado música erudita na vida.

Antes da apresentação, o maestro me contou que os adágios o faziam lembrar da sua filha Ilana, morta aos 11 anos por um tipo raro de câncer. Explicou-me ainda que, na partitura original do seu *adagietto*, o compositor Gustav Mahler escreve com tamanho ódio que chega a rasgar o papel. Isto porque, no momento em que compunha, o regente austríaco também buscava transmutar a dor de perder uma filha. Naquele dia, vivi momentos de grande emoção ao pensar no sofrimento desses dois pais e na minha própria condição. Isaac encerrou o concerto com o último movimento da "Sinfonia Patética" de Tchaikovsky, um adágio lamentoso em que o compositor russo se despede da vida. Desde então, os adágios se tornaram para mim a forma mais profunda e emocionante de expressão musical. E o mais lindo deles é o "Adágio para cordas", de Samuel Barber.

Mais tarde, fui compreendendo que essa sensibilidade já se manifestava de alguma maneira quando via pinturas que me faziam prestar atenção nas sutilezas da luz. Havia uma provocação ali, quase como um código secreto, que tentava me dizer alguma coisa ou abrir uma comporta para que eu acessasse uma camada mais profunda de mim mesmo. O artista que mais me fascinava era o holandês Johannes Vermeer. Passava horas admirando os seus quadros, que sempre tinham um facho de luz refletido no rosto das pessoas retratadas. Também me encantava com os impressionistas e com Vincent Van Gogh, que, apesar da existência depressiva e melancólica, produzia obras em que tudo é luminoso — os girassóis, os campos, os jarros, a noite. Acho que o câncer acabou por desvendar o tal código secreto e foi me ensinando a ser uma pessoa mais sutil.

Fiz terapia durante boa parte da minha trajetória, acreditando que tinha uma infinidade de problemas a resolver. Sempre tive a sensação de que a vida era um grande fardo. Meu corpo quase nunca relaxava. Estava sempre alerta, à espera da tal tragédia iminente. Quando ela finalmente aconteceu, não poderia me sentir mais tranquilo. Parece extraordinário, mas o câncer contribuiu para que me livrasse de todo o peso que julgava carregar nas costas. Creio que isso só foi possível porque consegui alcançar um estado de integridade. Passei a me sentir inteiro, a perceber o meu corpo por inteiro, a perceber quem sou por inteiro. Parecia que eu já havia me transportado para um outro mundo.

"Viver bem é a melhor vingança", diz o Talmude, livro que registra os ensinamentos passados oralmente por Moisés aos sábios judeus. Concluí que ficar desesperado, nesse curto período que me restava, seria não viver bem. Portanto, mesmo com todas as dores que a doença me trazia, decidi que a minha maior vingança contra o câncer seria não me deixar ser pilotado emocionalmente. Dizia a ele diariamente: "Você está me tirando o apetite, a vitalidade, a potência, mas eu estou ouvindo música como nunca ouvi, vendo filmes como nunca vi, sentindo cheiros como nunca senti."

Câncer é algo que não desejo para ninguém, mas desejo para todos a profundidade que você ganha ao se deparar com o limite da vida. Não queria ter ido embora sem essa experiência. Não queria morrer sem antes desfrutar de todo esse encantamento.

DIAS COM PROPÓSITO

Li em algum lugar que a vida tem dois momentos importantes: quando você nasce e quando descobre para que nasceu. Eu era muito pequeno quando descobri para que tinha vindo ao mundo. Passava férias na casa de praia dos meus avós maternos, na Ilha do Mosqueiro, no Pará, quando minha avó me pediu para levar uma galinha de volta ao poleiro. Quando cheguei lá, achei aquela situação muito injusta e acabei libertando todo o galinheiro. Eu gritava a palavra liberdade, enquanto assistia às galinhas correrem enlouquecidas pelo terreiro. Não sobrou uma sequer. Felizmente, meu avô Marcos achou aquele gesto muito bonito e não deixou que me castigassem. O fato é que entendi, naquele exato momento, que tinha nascido para promover a liberdade das pessoas. Carreguei aquela imagem por toda a vida. Quando pensava sobre mim, lembrava da revolução do galinheiro.

A coisa mais importante para um ser humano é a sua narrativa, o seu propósito. Sem narrativa, somos como um ator no palco sem saber o roteiro. Se perdemos a narrativa, perdemos a vida, e o que sempre me agarrou à vida foi a minha ligação com as causas sociais.

No início da minha carreira, ainda cultivava uma boa dose de vaidade, mas logo descobri que sucesso não sustenta a felicidade de ninguém. Convivi de perto com muitas pessoas famosas e sei que são raras aquelas que conseguem preservar o equilíbrio e se manter fiéis à sua essência. Se o cara faz sucesso muito rápido então, dançou.

Dinheiro e poder nunca me seduziram. Não posso negar que o status de jornalista renomado me abriu muitas portas e me fez ser recebido por presidentes, ministros e empresários, mas preferi usar esse privilégio para viabilizar iniciativas de interesse público. Também consegui reunir um bom patrimônio, mas sempre com a intenção de ter independência financeira para ajudar os outros e me dedicar exclusivamente a projetos sociais. Nunca ganhei um centavo com a minha militância. Por outro lado, fiquei muito feliz quando pude investir recursos próprios nessas atividades.

Desde cedo, descobri que o meu grande propósito era usar a comunicação para empoderar as pessoas, no sentido de torná-las livres para decidir e capazes de construir o seu próprio destino. Tudo fluía quando ajudava a comunicar causas e projetos de relevância. Tenho certeza de que nasci para isso. Nesse caso, a minha compulsão pelo trabalho teve um efeito positivo e me permitiu contribuir com inúmeras ações comunitárias. Ganhei até um certo ar missionário, que dissimulava a minha falta de jeito com as relações humanas.

A reportagem sempre foi a minha principal habilidade profissional, o que me trouxe reconhecimento dentro e fora do Brasil e me conferiu diversos prêmios. Faço parte daquela categoria de repórter que os antigos diziam ter faro jornalístico. Possuía um misto de atenção e intuição que me fazia antecipar pautas relevantes. Modéstia à parte, nisso sempre fui um ponto fora da curva. Pelo menos, é o que atestam os estudos sobre a minha atuação como jornalista.

Guiado por esse instinto, realizei diversas reportagens de grande impacto nacional, investigando casos de corrupção em Brasília e mazelas sociais nas áreas mais vulneráveis do país. Os meus melhores trabalhos desvendaram esquemas de assassinato de meninos que viviam nas ruas de grandes cidades brasileiras e de redes de exploração sexual de meninas pobres nas regiões Norte e Nordeste. Para investigá-los, passei meses viajando pelo Brasil, correndo risco de vida. Enquanto experimentava situações de extrema tensão, sentia o prazer de imaginar as notícias explodindo nos jornais. As duas reportagens revelaram uma realidade desconhecida para boa parte da sociedade brasileira e geraram tanta comoção que resultaram em mudanças concretas na vida de milhares de crianças e adolescentes. Também se tornaram livros — *Guerra dos meninos* e *Meninas da noite* — publicados em vários países e idiomas.

Quando terminei esses trabalhos, achei que não conseguiria fazer coisa melhor. Não que as reportagens fossem o máximo. Aliás, sempre que começava a me achar o máximo, dava logo uma olhada nas fotos do Sebastião Salgado para recobrar a humildade. De todo modo, achei que tinha alcançado o topo da minha carreira como repórter e que tudo que fizesse a partir dali seria repetitivo.

Também não tinha mais vontade de fazer aquele jornalismo tradicional, já que a minha razão de viver estava em outro lugar. A gente não escolhe como vem para este mundo, mas pode escolher como vai embora. E eu não queria partir como o cara que fica buscando furos, assinando matérias, ganhando prêmios. Por isso, deixei a direção da sucursal da *Folha de S.Paulo* em Brasília quando ainda estava no auge da minha carreira como jornalista político.

Nos anos que se seguiram, decidi direcionar meu trabalho cada vez mais para o ativismo social. Enquanto trabalhava como colunista, comentarista e palestrante, ajudei a criar organizações sem fins lucrativos importantes, como a ANDI — Comunicação e Direitos e a Cidade Escola Aprendiz. Mais adiante, fundei o portal Catraca Livre, que sempre deu destaque a temáticas cidadãs.

Quando fiz 60 anos, percebi que a vida estava se esvaindo e que não tinha mais tempo a perder. Como já havia feito uma boa poupança, fui me desligando da Catraca Livre para me dedicar integralmente ao *hobby* de apoiar causas sociais. Chamo de *hobby* porque não havia bondade nem sacrifício no que fazia, somente prazer. Sempre gostei de apoiar essas iniciativas e vê-las modificando a vida de pessoas e comunidades.

Costumo comparar o corpo social ao corpo humano. Assim como nós precisamos de glóbulos brancos para combater as infecções do nosso organismo, a sociedade também precisa de cidadãos capazes de atuar como glóbulos brancos para protegê-la das injustiças sociais, dos desmandos políticos e dos riscos ambientais. Sempre tive o maior orgulho de fazer parte desse grupo.

Quando o câncer chegou, fiz um balanço da minha vida. Reconheci meus erros, mesquinharias e traições, mas tive a certeza de que nunca traí o meu propósito. Na minha avaliação relativamente isenta, achei que, de 0 a 10, dava para tirar uma nota acima de 5. Afinal, sempre fui solidário com os mais frágeis, ajudei muita gente, nunca votei em canalha e mesmo as batalhas que perdi foram travadas do lado certo.

Sabia que a minha contribuição tinha sido modesta, nada que merecesse uma biografia ou pudesse se comparar a personalidades como Martin Luther King, Mahatma Gandhi e Konrad Adenauer. Perto desses gigantes, me via como um pernilongo. Mas, diante de mim mesmo, sentia que havia sido um Luther King, um Gandhi, um Adenauer.

Assisti a uma palestra do rabino Nilton Bonder em que falava sobre o simbolismo de Deus ter criado um só homem para nos mostrar que todos viemos de uma única pessoa. Dessa forma, quando salvamos um indivíduo, salvamos toda a humanidade. Parto dessa premissa para afirmar que o tamanho do legado não importa. Quando fazemos algo para ajudar nossa família, nosso bairro, nossa cidade, ainda que seja uma ação muito pequena, nesse momento, nos tornamos grandes.

O tempo de contribuição também pode ser breve se o que fazemos tem consistência. Quando já estava muito doente, fui a um show em que André Mehmari tocou todo o repertório de Noel Rosa, morto aos 26 anos. Enquanto ouvia algumas das mais belas músicas do repertório brasileiro, pensava em como o compositor havia criado tudo aquilo em tão pouco tempo. Algumas pessoas vivem 100 anos e não realizam nada de importante. Já Noel Rosa se tornou imortal em menos de três décadas de vida.

Felizmente, tive tempo suficiente para realizar iniciativas que me deram imensa satisfação, como apoiar meu amigo Cristovam Buarque a criar o Bolsa Escola, programa que, mais adiante, daria origem ao Bolsa Família. Cristovam havia sido eleito governador do Distrito Federal e estudava uma proposta concebida por uma equipe da Universidade de Brasília (UnB). A ideia era distribuir renda para famílias pobres, com a contrapartida de que assegurassem a frequência de seus filhos na escola. Quando conheci o projeto, falei para Cristovam se agarrar a ele, porque teria repercussão mundial. Minha intuição me dizia que a proposta revolucionaria as políticas sociais no país, o que de fato aconteceu.

Quando o Bolsa Escola começou a ser testado ainda em pequena escala, convenci os representantes do Unicef e da Unesco no Brasil a avaliar o impacto da experiência. A pesquisa comprovou resultados no combate à pobreza e na melhoria da educação. Na época, eu ainda era um dos jornalistas mais influentes do país e dei imenso destaque à notícia. A divulgação repercutiu no exterior e gerou uma espécie de metástase do bem. Países da América Latina e da África multiplicaram a experiência, também adotada pela cidade de Nova York, onde recebeu o nome de *Possibility*.

Quando Fernando Henrique Cardoso assumiu a Presidência da República, o Ministério da Educação decidiu expandir a iniciativa para todo o país, graças a uma emenda criada por Antônio Carlos Magalhães. Mesmo diante do meu desprezo ao senador, devo admitir que ele acertou ao criar um fundo de combate à pobreza, que seria utilizado para financiar o início do Bolsa Escola em nível nacional. O programa tornou-se tão relevante que, a despeito das trocas de nome, sobreviveu a inúmeras mudanças de governo.

O câncer apareceu quando eu já me dedicava integralmente às causas de interesse público. Tinha montado um espaço na Vila Madalena, onde me dedicava ao ReciproCidade, meu projeto pessoal de empoderamento de cidadãos, organizações e comunidades. Minha função era levantar recursos e idealizar ações de comunicação para fortalecer experiências de impacto social. Minha diversão era dar nome aos projetos, sempre fui muito bom nisso. Formalmente, colaborava com a Orquestra Sinfônica Heliópolis e o Horas da Vida, plataforma em que médicos doam consultas para pessoas atendidas por entidades sociais. Também produzia uma coleção de vídeos para inspirar estudantes com referências mundiais sobre marketing social e soluções criativas para os problemas do mundo. Informalmente, contribuía o tempo todo com muitas outras ações.

Mesmo tendo feito tudo que estava ao meu alcance para melhorar o meu entorno, cheguei ao final da vida sofrendo uma decepção atrás da outra. Nos Estados Unidos, Donald Trump ameaçava o planeta com sua raiva desmedida, suas mentiras deslavadas e seus questionamentos em relação ao aquecimento global. Um plebiscito contaminado por informações falsas levara o Reino Unido a se retirar da União Europeia, uma das mais belas utopias geradas após os conflitos que sangraram o continente no século XX. Líderes conservadores se elegiam em várias partes do mundo. No Brasil, o presidente Jair Bolsonaro confrontava o Congresso Nacional, o Supremo Tribunal Federal e a imprensa, além de defender o uso de armas, a tortura e a ditadura, entre outras atrocidades. A miséria no país voltara a crescer, assim como os índices de violência e desigualdade socioeconômica. A educação pública andava para trás.

Eu sentia um desânimo imenso ao perceber que muitos dos avanços que ajudara a construir ou divulgar estavam retrocedendo. Mais por desespero do que por presunção, comecei a me perguntar se tinha o direito de ir embora e abdicar do meu papel de glóbulo branco. Por isso, mesmo doente, nunca parei de apoiar causas importantes. Continuei mobilizando a opinião pública por meio dos meus canais nas redes sociais. Também consegui captar muitos recursos para a Orquestra Sinfônica Heliópolis e para comunidades afetadas pela pandemia do coronavírus.

Confesso que usei o câncer para sensibilizar os doadores, que tinham muita dificuldade para negar um pedido meu, especialmente quando a doença se agravou. Como o dinheiro não era para mim, acho que Deus perdoa. Afinal, graças a esses contatos, consegui financiar mais de 30 mil cestas básicas durante o primeiro mês da quarentena. Eu e meu filho Gabriel também fizemos nossa doação. Senti um prazer imenso quando soube que as mulheres da comunidade se enchiam de alegria ao receber as nossas cestas enriquecidas por um frango grande e uma torta de sorvete.

Todas as iniciativas que apoiei me trouxeram esse mesmo tipo de contentamento, tanto as de impacto global quanto as mais modestas. Eu estaria mentindo se dissesse que agia por obrigação. O que sustentou todo o meu trabalho social foi o prazer de ver o mundo melhorar. Sabia que minha vida não podia ser só minha, que precisava utilizá-la para promover o enriquecimento coletivo. Eu tinha uma missão e seria fiel a ela até o fim dos meus dias. Era esse papel que me fazia sentir íntegro, coerente, feliz. Se o abandonasse, perderia a minha narrativa.

As pessoas ainda não perceberam como a filantropia realizada de maneira consequente dá sentido à nossa existência. Vejo muita gente contribuindo com causas sociais para dar uma de herói ou de abnegado, mas é preciso convicção para que a contribuição deixe uma marca no mundo. Lembrei da história de uma mulher muito rica que doou parte do seu patrimônio para criar um fundo exclusivamente voltado a financiar os arranjos de flores do hall de entrada do Metropolitan Museum, em Nova York. Essa senhora vai sobreviver eternamente na forma de flores, e todo mundo que entrar no museu vai cruzar com a vida dela. Pode haver um jeito melhor de morrer?

Os chineses dizem que, quando deixamos alguém acender uma vela na nossa, ficamos ainda mais iluminados. Fico feliz quando penso que a minha luz pode ter servido para iluminar a vida de muita gente.

DIAS DE BUNDAR

Aprendi muitas coisas com o câncer, inclusive a conjugar o verbo *bundar*. Sempre tive horror a pessoas que *bundam*. Achava que desperdiçavam energia e talento, uma verdadeira degradação. Aos poucos, fui descobrindo que *bundar* tem um sentido muito mais profundo do que imaginava. Não é sinônimo de ficar parado à espera de que algo aconteça, nem de ocupar o tempo jogando palavras cruzadas. *Bundar* quer dizer simplesmente não fazer nada. Fui gostando de sentir o corpo inerte. De vez em quando, olhava pela janela, coçava um pé no outro. Eu *bundava*, e o tempo passava lenta e prazerosamente.

Meu quarto era um lugar perfeito para a prática desse novo passatempo. Nossa casinha na Vila Madalena havia sido construída no estilo das moradias antigas dos imigrantes portugueses que povoaram o bairro. Quando a Anna veio morar comigo, resolvemos construir um segundo andar para abrigar o nosso quarto e deixamos o ambiente todo aberto para apreciar melhor o cenário ao redor.

Sempre tive paixão pela cidade de São Paulo, mas admito que é preciso encontrar o ângulo certo para ver beleza nesse amontoado de concreto. Felizmente, nosso quarto não poderia estar mais bem posicionado. De um lado, as portas se escancaravam para um pequeno balcão sobre o nosso jardim, e os galhos frondosos da mangueira criavam a sensação de que estávamos em uma casa na árvore, como nas brincadeiras de criança. O lado oposto se abria para uma varanda, onde a Anna colocou umas espreguiçadeiras para que pudéssemos apreciar o pôr do sol. Vale dizer que casas de onde se consegue ver o sol se pôr em São Paulo são uma raridade, uma verdadeira dádiva.

Encostada na varanda, subia da calçada uma primavera cor de violeta, que floriu de um jeito inacreditavelmente belo durante a minha doença. O colorido vibrante das flores dominava a frente da casa e se refletia em todas as portas e janelas de vidro do quarto, como se fossem aquarelas. Descendo um pouco mais a rua, erguia-se um fícus enorme, que eu mesmo plantei alguns anos atrás. Não imaginava que aquela mudinha fosse crescer tanto e tão rápido. A árvore se transformou em um monstro verde e ficou mais alta do que os dois andares da nossa casa. Quando olhávamos da varanda, era o fícus que se destacava na paisagem.

Do meu posto de observação, ainda ficava horas analisando o quadro pendurado na parede à minha frente, tentando decidir se os pássaros retratados estavam sendo capturados ou se libertando da teia que os emaranhava. Ou ainda se era eu que, em alguns dias, me sentia aprisionado e, em outros, me permitia dar asas à imaginação. Também achava uma delícia ficar ouvindo o burburinho das pessoas falando no andar de baixo. Mal conseguia distinguir as conversas, mas sentia o calor humano subindo em camadas e me envolvendo em uma espécie de abraço.

O câncer também me ensinou a dormir. Nunca tive uma boa relação com a cama. Meu sono sempre foi agitado, cheio de pesadelos. Acordava no meio da noite e me conectava à internet para ler jornais de várias partes do mundo. Às 6 horas da manhã, já estava de pé. Achava que ficar deitado era perda de tempo. No fundo, sentia certa inveja de quem dormia relaxado e acordava descansado, de quem aproveitava o sábado e o domingo para ficar na modorra.

Com a quimioterapia, a cama passou a ser minha grande aliada. Quando o cansaço batia, era lá que tombava. Aos poucos, fui relaxando e descobrindo o prazer da preguiça. Pensava: "Por que preciso sair da cama correndo, se posso ficar aqui mais um pouquinho?" Então, me agarrava em um edredom velho e desfiado, afundava a cabeça no travesseiro e dormia profundamente por horas seguidas. O sono se tornou um refúgio. Nos finais de semana, comecei a ficar na cama até o meio-dia. Às vezes, acordava, tomava café e voltava a dormir.

Quando morava em Nova York, costumava passar em frente a uma loja para namorar um colchão sueco que me parecia extremamente confortável, apesar de igualmente caro. Quando já voltava para o Brasil, não resisti à tentação de comprá-lo. Foi uma das melhores aquisições que fiz na vida.

O colchão se adaptava ao formato do corpo, possuía uma textura excepcional e era gigante. Eu nunca havia tido uma cama tão grande. O espaço era tanto que duas pessoas podiam dormir juntas, a noite toda, sem correr o risco de se tocar. Antes de eu ficar doente, muitas noites, eu e a Anna dormíamos cada um para o seu lado. Eu deitava à esquerda, de onde podia apreciar a vista da varanda. Ela dormia do lado do jardim, junto a um criado-mudo cheio de recordações colecionadas ao longo do tempo.

Uma das coisas mais deliciosas que aconteceu durante o câncer foi que o nosso colchão "encolheu". Ou melhor, passamos a utilizar só metade da cama, porque dormíamos abraçados. A temperatura do meu corpo mudou. Comecei a sentir mais frio. Às vezes, tinha um resto de febre, em outras, a medicação provocava calafrios. Quando acordava na madrugada e abraçava o corpo da Anna, sentia como se minha alma degelasse. Era das melhores sensações que o mundo poderia oferecer: o meu colchão sueco me amparando e o calor da Anna aquecendo o meu corpo por inteiro, de alto a baixo. Foram várias as noites que irradiaram esse calor. Eu abraçava cada pedaço do corpo dela e tentava segurar o sono para aproveitar um pouco mais daquele prazer. Mantinha o olhar fixo em algum ponto iluminado do quarto, mas, em poucos minutos, já estava desmaiado naqueles braços, naquelas costas.

A hora do melhor abraço era de manhã cedo, quando os passarinhos começavam a cantar, e nós ficávamos entrelaçados sem o perigo de voltar a dormir, sentindo cada parte do corpo aquecida. Sempre fui meio avesso a contatos físicos, porém adorei acrescentar mais esse item à minha lista de experiências inéditas.

DIAS DE (IN)DEPENDÊNCIA

Nasci em 1956, pouco mais de uma década após o fim da Segunda Guerra. O mundo na minha infância era aterrador. Folheava as revistas e me impressionava com as notícias sobre conflitos sangrentos. Lembro da primeira vez que vi fotografias das crianças de Biafra. Nunca tinha me deparado com cenas tão desconcertantes.

Cresci assistindo a reportagens, vídeos e filmes sobre o Holocausto. Campos de concentração, câmaras de gás, corpos esqueléticos amontoados, não nos poupavam de coisa alguma. A carga era muito pesada e, certamente, reforçou a minha sensação de que uma catástrofe poderia acontecer a qualquer momento.

O que me apavorava não era morrer, mas não conseguir proteger a minha família ou depender de outras pessoas. Como sou o filho mais velho, me preocupava em ter uma boa condição financeira para garantir a minha autonomia e ajudar as pessoas mais próximas quando precisassem.

Nunca tive sonhos de consumo, nem juntei dinheiro para comprar carros ou viajar. Fui um poupador desde muito jovem. Para mim, lugar de dinheiro era no banco. Economizava o que podia e, se contraía alguma despesa, logo me esforçava para repor o que havia gasto.

Na área dos projetos sociais, sempre fui considerado um ótimo captador de recursos. Quando queria financiar uma causa em que acreditava, não tinha o menor constrangimento de ser inconveniente, nem de receber uma negativa. Já pedi dinheiro em casamento, enterro, batizado. Eu sabia que estava incomodando, mas, de cada dez pessoas que incomodava, duas me diziam sim. Além disso, tudo que arrecadava era para beneficiar os outros.

Em compensação, nunca pude me imaginar pedindo algo para mim. Achava que não cabia pegar dinheiro emprestado se pretendia ser uma pessoa respeitada. No ambiente judaico, indivíduos que dependem da ajuda de terceiros costumam ser dignos de pena, e eu não queria fazer parte desse grupo de jeito algum.

Desde bem menino, me perguntava: "Como vou sobreviver?" Sentia medo do futuro, de não ser competente, não conseguir emprego, não ter como me sustentar. Meu pai também tinha esse trauma. Ao longo da nossa formação, aprendíamos que homens judeus importantes deveriam ser provedores e ter uma visão comunitária. Dizem que somos sovinas, mas poucos povos doam mais recursos para causas de interesse coletivo. As famílias judias ricas de São Paulo são tão ferozes para ganhar dinheiro quanto para doar. Sou testemunha de como disputaram para ver quem daria mais dinheiro para a criação do Hospital Albert Einstein, onde minha mãe trabalhou como voluntária por muitos anos.

Foi este o padrão de comportamento que herdei do meu pai, do meu avô, do meu bisavô. Por isso, sempre tive orgulho do meu papel de provedor que ajudava a quem precisasse, mas não precisava da ajuda de ninguém.

Também aprendi que, mesmo tendo dinheiro de sobra, judeus importantes gastavam com moderação para não deixar a família desprotegida, especialmente os parentes mais frágeis. Quando morriam, sempre havia algo guardado para quem ficava. No meu caso, um dos maiores confortos diante do câncer era saber que partiria deixando minha família em boas condições.

Não conquistei esse patrimônio através dos meus empregos em veículos de comunicação. Quando ainda trabalhava na grande mídia, decidi criar um fundo que apelidei de *Fuck You*, para um dia ser independente e fazer somente o que quisesse. Alcancei o meu objetivo por meio de cachês de palestras, direitos autorais de livros e da Catraca Livre.

Além de me preocupar em construir a minha independência financeira, sempre tive receio de depender de cuidadores para realizar atividades simples do dia a dia, como comer, caminhar, tomar banho. Ironicamente, um dos grandes papéis do câncer na minha vida foi me inserir no mundo da dependência. Nunca gostei de dar trabalho aos outros, mas a doença é uma verdadeira ditadura do corpo, e dificilmente conseguimos dar conta de suas exigências sozinhos. Quando o meu tratamento se tornou mais demandante, não me restou alternativa senão me entregar aos cuidados de outras pessoas.

DIAS DE AMOR

O câncer me fez descobrir o amor. Eu não sabia o que era o amor de verdade, nem que seria possível amar outra pessoa com tamanha profundidade. Nunca, nem remotamente, imaginei que experimentaria o nível de cumplicidade que passei a ter com a Anna. Esse amor se tornou a grande fonte de transformação do novo Gilberto. Eu já estava me abrindo para o universo da sensibilidade, mas o que mais contribuiu para isso foi tê-la ao meu lado.

    O nosso casamento sempre foi atravessado por muitos rituais. Nossas datas especiais eram comemoradas no La Casserole, restaurante francês tradicional que funciona há quase setenta anos no centro de São Paulo. No Dia dos Namorados, eu ligava com antecedência para reservar a nossa mesa com vista para a banca de flores. Íamos ao cinema duas a três vezes por semana. Viajávamos com frequência para Nova York, onde repetíamos sempre os mesmos programas. Adorava surpreendê-la com presentes.

    Um dos nossos rituais revela bem a minha dificuldade de expressar afeto. Sempre que precisava fazer algum exame com anestésico, a Anna não abria mão de me acompanhar, porque, quando eu ainda estava meio grogue, fazia as mais explícitas declarações de amor. A anestesia arrefecia os meus controles, e eu revelava uma faceta que nós ainda não conhecíamos. Cito esse fato para mostrar que, mesmo com a Anna, eu tinha uma série de bloqueios.

A relação com as mulheres foi a área mais turbulenta da minha vida. Além de padecer da já mencionada desconexão afetiva, fazia parte de uma geração de jornalistas que cultuava o tripé "boemia, sexo e bebida". Como consequência, tive vários casos. Durante anos, terminava cada noite com uma companhia diferente, muitas das quais nem conhecia. Muitos homens se orgulham disso, mas esse é um dos meus maiores arrependimentos. Me sentia um hipócrita ao defender os direitos humanos e, ao mesmo tempo, tratar as mulheres de forma desrespeitosa. Três fatores me ajudaram a superar essa questão: terapia, remédio para ansiedade e a Anna. Ela me completava tanto que parei de procurar outras pessoas.

Anna foi a pessoa que me reconheceu e me acolheu integralmente. Quando estava com ela, podia carregar a minha alma comigo. Nosso relacionamento tinha uma força enorme de entendimento, compreensão, aceitação. Nós dois fazíamos tudo juntos, tínhamos muitas afinidades, em especial o nosso compromisso com as causas sociais. Mas sempre fui caótico, e ela é extremamente organizada. Eu havia sido um estudante bastante disperso, para dizer o mínimo, e a Anna sempre esteve entre os melhores alunos da classe, tanto na escola quanto na faculdade. Um dos seus maiores traumas na vida era uma única nota vermelha que tirou no boletim. Já eu apelidei um dos meus professores de Fifi, porque a cada bimestre revezava entre me dar nota F de fraco ou I de insuficiente.

Minha habilidade de gestão também era próxima de zero. Não tinha atenção nem paciência para planejar, intermediar conflitos, realizar aquelas reuniões infindáveis. Toda vez que me metia a gerenciar os projetos que criava, dava tudo errado. Bastava um gestor competente aparecer e as coisas começavam a funcionar. Já a Anna tinha todas essas habilidades. Eu me admirava com sua capacidade de organização. Era uma coisa quase obsessiva. Muitas vezes, ela foi obrigada a relevar a minha bagunça para o casamento não acabar.

Até que o câncer chegou, provocando a grande desordem. A nossa vida virou de ponta-cabeça. Eu sentia que já não estaria aqui em um curto espaço de tempo, portanto não prestava muita atenção às recomendações médicas. Anna se engajou muito mais do que eu. Converteu a minha doença em um exemplo de amor e cumplicidade que eu nunca tinha visto. Não cansava de dizer para mim mesmo que, se não fosse ela, eu provavelmente teria morrido muito antes.

Ela tinha uma enorme experiência em liderar iniciativas educacionais complexas e usou toda a sua competência para transformar o meu tratamento em um verdadeiro projeto. Era ela que marcava as consultas, cuidava do plano de saúde, conversava com os médicos. Eu me contentava com as informações essenciais, mas ela sabia quantos nódulos eu tinha, em que estágio estavam, quais os prognósticos.

Minha admiração crescia ao acompanhar a velocidade com que ela aprendia. Muitas vezes, me surpreendi ao vê-la corrigir as enfermeiras. Listava de cor o nome, a dosagem e os horários de todos os meus medicamentos, que eram muitos. Seguia à risca a dieta especial que a nutricionista me receitou para enfrentar melhor os efeitos da quimioterapia.

Se eu tinha que tomar um caldo diário de ossobuco para combater a anemia, lá ia ela procurar o ossobuco. Se o médico dizia que uma flora intestinal saudável melhorava a absorção dos quimioterápicos, ela enchia a geladeira de probióticos. Se descobria que uma determinada combinação de águas minerais alcalinas podia ser boa para mim, chegava em casa com uma variedade de garrafões para fazer a mistura.

Eu me esforçava ao máximo, mas havia dias em que não conseguia comer de jeito nenhum. Ela não se conformava e tinha toda a paciência para encontrar alguma coisa que eu conseguisse ingerir. Cuidava dos mínimos detalhes com um zelo extremo. Se eu sentia dores, ela me fazia massagens. Se não conseguia dormir, me ajudava a relaxar. De noite, quando me abraçava, sentia como se fosse Deus me abraçando. De manhã, ao acordar, agradecia por estar vivo quando encontrava seu sorriso.

Nunca imaginei que fosse ter uma mulher tão cúmplice ao meu lado em uma situação como essa. Anna me acompanhou em cada exame, internação e sessão de quimioterapia. Em todos os momentos, éramos eu e ela. Nunca ficamos tanto tempo juntos. Também nunca fiquei tão exposto diante de alguém. Sempre tive muitas reservas, mas a doença deixou o meu corpo totalmente devassado. Estar com câncer é ter febre o tempo todo, calafrios, vômitos, sangramentos, diarreia. E ela lidou com tudo que saía das minhas entranhas com uma naturalidade surpreendente. Para completar, fiquei impotente. Os remédios me tiraram a capacidade de ter ereção, mas a Anna nunca fez disso uma questão. Quando o amor e o sexo se descolaram, a minha capacidade de amar se expandiu.

No início, tive muita dificuldade de lidar com essa situação, porque sempre fui aquele que apoiava, que cuidava, que provia. De repente, estava dependente dela e parecia que tinha contraído uma dívida. Mas logo fui percebendo que vivia algo muito mais profundo do que uma operação matemática. Toda aquela entrega da Anna era um grande gesto de amor. Foi aí que entendi que a proximidade da morte pode te ensinar coisas sobre o amor que a vida não te ensina.

DIAS DE CORRENTE

Escolhi me tratar com Dr. Paulo Hoff porque ele reúne todos os títulos que eu mais apreciava em um médico: estudioso, pesquisador, diplomado em excelentes instituições de ensino, professor da Universidade de São Paulo (USP), membro de associações internacionais de medicina. Construiu sua carreira por conta própria, trabalhou por quase duas décadas em um dos mais renomados centros oncológicos dos Estados Unidos e, apesar da agenda atribulada na saúde privada, mantinha o seu posto de diretor-geral no Instituto do Câncer do Estado de São Paulo (Icesp), principal hospital público brasileiro no tratamento da doença.

Coloquei-me em suas mãos de olhos fechados, sem nunca pedir uma segunda opinião. Minha confiança nele era tamanha que até ofereci meu corpo para experimentos científicos. Brinquei que, se desse certo, no meu último furo jornalístico, eu não seria o repórter, mas a própria notícia.

Sempre gostei de divulgar experiências inovadoras relacionadas a ciência, pesquisa e educação. Possuía um bom faro para isso, porque me encantava com o potencial que essas iniciativas tinham de modificar a vida humana. No tempo que passei na Universidade de Harvard, conheci um dos professores que inventou o soro de reidratação oral e salvou milhões de crianças. Quando passava na frente do Massachusetts General Hospital, na divisa entre Cambridge e Boston, ficava emocionado de saber que a anestesia tinha sido inventada ali. Pensava que era nesses momentos que o ser humano mais se aproximava de Deus.

Dr. Paulo pediu para fazermos o mapeamento genético do meu tumor. Mandamos uma amostra para um laboratório nos Estados Unidos, que identificou três mutações. O exame também indicou todos os medicamentos que estavam sendo testados para o tratamento de cada uma dessas variações e a fase de desenvolvimento em que esses experimentos se encontravam. As informações reforçaram a minha crença no poder da ciência. Achei incrível saber da existência de todas essas pesquisas e imaginei a possibilidade de participar de algum desses testes. Já me sentia a própria cobaia.

É inacreditável o número de pessoas que pesquisam a cura do câncer em todo o mundo, algumas delas com muito sucesso. Fiquei bastante impressionado quando li que estudiosos da USP de Ribeirão Preto haviam conseguido curar um paciente terminal de leucemia. O cara estava tomado de câncer dos pés à cabeça e ficou limpo. Tive a oportunidade de cruzar com um desses pesquisadores na clínica em que me tratava. Fiz questão de cumprimentá-lo pessoalmente por sua contribuição à causa.

Por essas e outras, estava bem resolvido com a minha escolha de seguir um tratamento baseado exclusivamente na ciência. Acontece que a Anna, apesar de acreditar na medicina convencional, também tem um lado meio sincrético, herança da sua origem baiana. Foi ela que me convidou a transitar por uma dimensão mais espiritual, apesar do meu ceticismo.

Eu tinha certa resistência ao misticismo e à religiosidade, que foi ganhando força à medida que me deparava com inúmeros casos de manipulação de fiéis, por pessoas que misturam religião com dinheiro e política. Ficava atormentado com a apropriação da fé popular e os abusos psicológicos e sexuais cometidos por líderes religiosos. A ideia de Deus até me parecia interessante. O problema era o seu fã-clube. Acompanhava os conflitos entre sunitas e xiitas no Oriente Médio, protestantes e católicos na Irlanda, hindus e muçulmanos na Índia, e não me conformava de ver povos irmãos se matando em nome de suas crenças.

Por outro lado, o sonho premonitório que me avisara do câncer já tinha abalado o meu próprio sistema de crenças. Pensava frequentemente a respeito. De onde veio? Por que chegou com tanta clareza? Teria sido uma coincidência? Seria o meu corpo falando comigo através do meu inconsciente? De repente, todo o meu racionalismo iluminista começou a se misturar com especulações sobre o insondável. Haveria alguma força misteriosa agindo para que eu passasse mais tempo por aqui?

Nunca acreditei em tratamentos alternativos, mas li muitas pesquisas sérias que comprovavam a relação entre otimismo, fé e cura, ou mostravam que pessoas religiosas tendem a enfrentar problemas de saúde com mais facilidade. Compreendi que, por trás de muitas dessas experiências místicas, prevalecia a ideia de que precisamos nos conectar a uma força maior para acreditar no futuro.

Minha visão científica também se intrigava com os mistérios do efeito placebo, em que pacientes levados a tomar remédios fictícios acabavam se curando por achar que se tratavam de medicamentos reais. Ficava estarrecido de pensar que a mente também tem o poder de comandar processos de cura. Certamente, até um descrente como eu é capaz de perceber que, quando um doente deprime e desiste de viver, a doença costuma avançar mais rápido. Os enfermeiros sempre me falavam sobre isso e me aconselhavam a não deixar os pensamentos ruins tomarem conta da minha cabeça.

Lembrei que a minha psiquiatra, apesar dos muitos diplomas de medicina pendurados na parede, também era psicanalista junguiana e trabalhava com questões sem comprovação científica, como inconsciente coletivo e sincronicidade. Cheguei à conclusão de que não precisava desprezar abordagens mais subjetivas se mantivesse o meu tratamento com a quimioterapia. Quando conversei com Dr. Paulo sobre o assunto, ele fez um único comentário: "Se decidir fazer, faça com convicção."

Finalmente, como a Anna estava empenhada e a rede de gentilezas nos oferecia um conjunto de possibilidades, resolvi deixar o mundo espiritual entrar na minha vida, como forma de me entregar à cumplicidade e à solidariedade humana. Os rituais começaram com um casal de amigos fazendo uma limpeza energética na nossa casa. Eles falavam um monte de palavras estranhas, mas aquilo tudo soava como um gesto de carinho. Em seguida, uma nutricionista mística mudou toda a minha alimentação. A comida, que já não tinha sabor, perdeu o gosto de vez, mas não posso deixar de admitir que os caldos e chás que ela receitou tiveram um bom efeito. Um pai de santo de Salvador propôs um ritual em que Anna deveria pedir a intervenção de entidades do candomblé chamadas de *iyás velhas*, enquanto passava um pedaço de fígado de boi pelo meu corpo. E assim foi feito.

Mas a experiência mais impactante aconteceu quando um amigo nos convidou a realizar uma "cirurgia espiritual". O procedimento exigia todo um preparo: banho de sal grosso, cama forrada com lençóis claros, uma garrafa de água destampada na mesa de cabeceira. A "operação" deveria ser acompanhada por uma corrente de orações, que a Anna organizou de uma maneira sublime. Milhares de pessoas se mobilizaram nos mesmos dia e hora para rezar ou enviar pensamentos positivos em minha intenção. A rede envolveu familiares, amigos, conhecidos e até desconhecidos, espalhados por todos os continentes. Havia quem orasse em português, latim e hebraico; quem acordasse para rezar no meio da noite por conta do fuso horário; quem organizasse grupos de oração em sinagogas, igrejas, templos evangélicos, terreiros e centros espíritas; quem meditasse em altares budistas; quem mandasse mensagens pelas redes sociais. Mesmo não sendo judia, a filha de uma amiga foi a uma sinagoga em Roma somente para pedir um salmo e rezar por mim. Foi uma coisa extraordinária!

Coincidência ou não, o fato é que, após essa primeira corrente, tive um choque de energia. Fiquei elétrico. Não conseguia dormir. Depois de vários meses de impotência sexual, tive duas ou três ereções. Minha cabeça fervilhava. Pensamentos eróticos se misturavam a uma profusão de ideias para projetos da Orquestra Sinfônica Heliópolis e da Catraca Livre. O velho Gilberto Dimenstein — aquele doido que eu era — estava de volta. Minha vontade era pegar minha bicicleta e sair pedalando pela Vila Madalena em plena madrugada. Se foi efeito placebo ou não, pouco importa. O fato é que a descarga de energia aconteceu. Na manhã seguinte, acordei tão perplexo que fui pesquisar sobre física quântica e neurociência, tentando buscar uma explicação científica para o que havia ocorrido.

Mas o ritual da "cirurgia" não se encerrava ali. Tivemos que repetir os mesmos procedimentos para as sessões de curativo, que aconteceram nas semanas seguintes. No dia marcado para a segunda intervenção, mandei para Anna uma notícia sobre um espaço recentemente aberto no bairro de Pinheiros, que só vendia croissants. Por coincidência, ela estava em uma reunião ao lado da tal lojinha e chegou em casa carregando um saco com três daquelas delícias. Controlei a minha vontade de devorá-los imediatamente, porque não se pode ingerir açúcar, gordura, nem farinha branca antes do atendimento espiritual. Fiz questão de cumprir todos os protocolos, mas fiquei com aqueles croissants na cabeça.

O momento do curativo começou, e eu tentei pensar em coisas positivas. Desta vez, a Anna havia utilizado toda a sua experiência como mobilizadora social para expandir a corrente de orações, agregando novos grupos. Tinha gente rezando por mim até na Ilha de Malta. Passei a respeitar profundamente aquele gesto de generosidade e buscava canalizar a energia da rede para o meu fígado doente. Estava convencido de que o efeito seria o mesmo da corrente anterior e já me preparava para aproveitar a ereção e transar com a Anna depois de seis meses de abstinência.

Quando o ritual acabou, corri atrás do saquinho de croissants, que eram realmente excepcionais. Nunca fui calmo para comer o que gosto, devorava tudo com a minha afobação usual. Mas comi o primeiro croissant com muita tranquilidade, saboreando cada pedacinho. Sentia os meus dentes penetrando na massa fina, as camadas se desmanchando na minha boca. Comi o segundo com o mesmo prazer e só me abstive do terceiro porque seria muita deselegância não deixar o último para a Anna.

Em seguida, deitei no sofá e constatei que não estava acelerado como na corrente anterior, mas em um estado totalmente diferente, que se aproximava do que os sábios budistas descrevem sobre a meditação. Sentia todo o meu corpo integrado em uma calma profunda, uma leveza que nunca havia experimentado antes. Era como se tivesse me libertado de todo o peso da existência. Nenhum pensamento ou preocupação pairava sobre a minha cabeça. Não havia presente, passado ou futuro. Apenas a plenitude e a inteireza. Eu estava ali por inteiro e podia ver meu corpo por dentro, escuro e coberto de pequenos pontos de luz. Não me lembro de ter sentido um prazer tão inebriante. Eu, deitado no sofá, me sentindo leve como uma pluma e observando aquelas luzinhas brilhando dentro de mim. A cena me pareceu tão real que seria capaz de tocá-la. Tentei me agarrar a ela para não deixá-la escapar.

Foi então que a Anna me chamou para voltar à cama. Deitei ao seu lado e tentei comparar o que acabara de acontecer com o relaxamento que já experimentara com yoga, massagem, sexo, bebida, Rivotril. Voltei aos tempos em que, ainda muito jovem, tentava meditar em templos budistas. Mas não havia comparação. Algo muito diferente tinha acontecido comigo. A palavra que me veio à cabeça foi perfeição, como se tivesse realmente vivido um momento perfeito. No dia seguinte, vi meu neto dormindo no colo do pai e aquela imagem me remeteu à sensação de entrega que havia experimentado na noite anterior.

Sempre me senti atraído pelo hinduísmo, especialmente pela ideia de que Deus está dentro de nós e de que alcançamos a verdadeira felicidade quando nos desapegamos de todo o resto. Costumava me questionar sobre se esse estado de fato existia e se algum ser humano seria capaz de alcançá-lo. Na noite da segunda corrente, vivi um momento sublime de felicidade em que eu fui o mundo inteiro, como se tivesse sentido o hálito de outra dimensão.

Uma semana depois, quando a última sessão de curativo terminou, senti uma curiosidade irresistível de conhecer o médico espiritual que havia sido designado para me operar. Fui pesquisar sobre ele na internet e fiquei chocado. A história que li resumia a minha visão sobre o significado da vida e explicava por que eu conseguia enfrentar o câncer com baixíssimo medo de morrer.

Dr. Napoleão Laureano nasceu no interior da Paraíba em 1914. Estudou medicina em Pernambuco e se especializou em cirurgias oncológicas no Serviço Nacional do Câncer, no Rio de Janeiro. Logo após a sua formatura, retornou para João Pessoa, onde montou consultório. Era conhecido por sua generosidade e por atender gratuitamente todos aqueles que não podiam pagar. Ainda jovem, contraiu um câncer muito agressivo, que deflagrou a etapa mais interessante da sua vida.

Graças às suas boas relações, o médico teve o privilégio de ser tratado nos melhores hospitais, tanto no Rio de Janeiro quanto em Nova York. Ainda assim, passou todo o período da doença liderando uma ampla campanha para desestigmatizar o câncer e melhorar o atendimento oncológico no Brasil. Mesmo padecendo de dores terríveis, viajava pelo país para mobilizar a imprensa, empresários e políticos, inclusive o próprio presidente Getúlio Vargas. À medida que sua morte se aproximava, a campanha crescia. Dr. Laureano morreu antes de ver seus esforços concretizados, mas o seu ativismo incansável conseguiu viabilizar a criação da Fundação Nacional do Câncer e a construção do primeiro hospital especializado em oncologia da Paraíba, que leva seu nome.

Ou seja, no momento em que se deparou com a morte, ele conseguiu dar vida ao projeto mais relevante da sua existência. O que mais me impressionou nessa história foi o fato de traduzir o significado de uma vida com propósito, algo que fazia tanto sentido para mim. Dr. Laureano me ensinou como viver morrendo ou morreu me ensinando a viver.

Quando terminei de ler a biografia do meu "médico espiritual", ataquei o bolo de laranja que a Anna havia comprado no dia anterior e experimentei mais um daqueles surtos de criatividade. Eu tinha contraído uma pneumonia e estava tossindo fazia quase um mês. A mistura de antibióticos com quimioterapia havia me deixado ainda mais cansado

No entanto, mais uma vez, todo o cansaço sumiu naquela madrugada da terceira corrente.

Minha cabeça se transformou em um turbilhão de ideias, algumas bem malucas, outras de bom senso. Pensei em produzir uma série de vídeos sobre pessoas que reaprenderam a viver depois de levar porradas pesadas do destino. Lembrei do Rodrigo Mendes, que ficou tetraplégico aos 18 anos e reaprendeu a viver transformando a educação inclusiva em tema nacional e internacional. Pensei nas crianças e jovens que conheci no GRAACC, hospital de referência em oncologia pediátrica. E assim fui deixando o "espírito" de Dr. Laureano contaminar a minha realidade.

Há muitos anos, perguntei a um religioso bastante ilustrado, porém muito pouco ortodoxo, se acreditava na existência de um senhorzinho de barba, que ficava lá em cima nos julgando. Ele me respondeu que sentia Deus como uma fonte de energia, um vapor que nos envolve e a tudo que nos rodeia. Achei aquela ideia incrível. A explicação me fez acreditar que as pessoas que participavam da rede de orações canalizavam a energia que estava à nossa volta e a faziam vibrar dentro de mim. Comecei a sentir essa vibração pulsar cada vez mais forte, tanto nos dias de atendimento espiritual quanto ao ler ou escutar as muitas mensagens afetuosas que recebia diariamente.

No final da última noite de corrente, voltei a me conectar com a concepção hinduísta de que Deus vive dentro de nós. Talvez tenha nascido daí a minha vontade de ser um comunicador para convencer as pessoas a não esperar as coisas acontecerem, mas acreditar na sua própria capacidade de fazê-las acontecer. Imaginei o Dr. Laureano me dizendo que não foi um Luther King, um Gandhi, um Adenauer, mas teve a grandeza de todos eles quando transformou o seu mundo.

Após todas essas experiências, acabei me rendendo aos mistérios da ciência e do sobrenatural como se fizessem parte de um mesmo universo. E, se eu acreditava cegamente na visão científica, devo confessar que as atividades espirituais me davam imenso contentamento pela força, afeto e esperança que me transmitiam.

PARTE II

DIAS DE COBAIA

Eu nunca tinha visto um verão paulistano com tanta pinta de inverno. Céu escuro, muita chuva, vento forte e frio de verdade. Vestíamos casaco e dormíamos de cobertor em pleno mês de março. Em um desses dias cinzentos, fomos ao hospital para fazer mais uma tomografia. O objetivo era descobrir se a segunda quimioterapia continuava funcionando. Como bom judeu, sempre espero pelo pior, mas tínhamos boas razões para acreditar que o tratamento estava dando certo. A tomografia anterior indicara que os tumores haviam parado de crescer, e minhas amostras de sangue atestavam que estava bem de saúde.

Mesmo assim, me sentia inseguro. Fiquei ainda mais acuado quando adentrei uma sala onde o ar-condicionado fazia o ambiente parecer uma câmara frigorífica. Tive que pedir dois cobertores antes de me colocarem no tomógrafo.

Saímos do hospital e fomos direto para a consulta médica. Enquanto fazíamos hora na sala de espera, Anna recebeu uma mensagem com a senha que dava acesso ao resultado do exame. A paisagem continuava desoladora do lado de fora da janela. Gotas de chuva escorriam pelo vidro como uma profusão de lágrimas. O cenário combinava perfeitamente com a notícia que estávamos prestes a receber. Ao contrário do que esperávamos, os tumores não apenas haviam crescido como começavam a se espalhar para outros órgãos. O segundo tratamento também não fora capaz de conter o caranguejo que me comia por dentro.

Vieram nos chamar para a consulta. Como já tinha recebido a má notícia pela Anna, sentei na frente dos médicos torcendo para que pudessem me trazer boas novas. Dr. Paulo Hoff começou a formular alternativas como se fosse um alquimista, que mistura um vasto repertório de conhecimentos com uma certa dose de intuição. Ele me disse: "Gilberto, você sabe que a sua doença é grave. Até este momento, nós tentamos curá-lo com os protocolos previsíveis. Agora, teremos que partir para procedimentos inusuais." Ele propunha que eu testasse uma combinação de intervenções e drogas já autorizadas, cuja eficácia para câncer de pâncreas ainda não havia sido comprovada por estudos formais.

Se eu concordasse, o terceiro tratamento compreenderia a ingestão de um quimioterápico oral chamado capecitabina, injeções de Interferon aplicadas na barriga, infusão de cisplatina na corrente sanguínea e pequenas cirurgias ou embolizações para introduzir a quimioterapia diretamente no fígado. Em resumo, o que já era difícil ficou ainda mais complexo, e o que era solução ficou ainda mais ousado, quase experimental. Parecia que o meu tratamento havia se transformado em um misto de ciência com casa de apostas.

Desde o início da doença, já me sentia atraído pela ideia do meu corpo ser utilizado em uma experiência científica. Tinha decidido doar todos os meus órgãos quando morresse, mas soube que pacientes de câncer não podem ser doadores. Então, fiquei feliz de fazer esse pacto com Dr. Paulo e me despedir contribuindo com experimentos capazes de beneficiar outras pessoas. Sinceramente, era assim que me sentia. Até me decepcionei quando ele me disse que já havia testado o procedimento antes. Eu preferia ser cobaia de algo inédito.

Dentre tudo que o meu médico me apresentou, o que mais me seduziu foi a explicação de que a intervenção cirúrgica também utilizaria microesponjas para bloquear a artéria que alimenta o fígado, de forma a comprometer a oxigenação dos tumores. Confesso que gostei de pensar naqueles bichinhos tomando uma surra. Já estava possesso com a folga desses "caras" e me entusiasmava com a ideia de partir para cima deles. Um conhecido que se curou de um câncer de pâncreas me contou que visualizava um videogame acontecendo dentro do seu organismo, em que as células boas destruíam as cancerosas. Comecei a imaginar que o meu tratamento era um daqueles filmes em que o mal vence todas as batalhas até que, no final, os bonzinhos conseguem arrumar um jeito de liquidar os inimigos. Lembrei de *Bastardos inglórios*, clássico de Quentin Tarantino, quando toda a cúpula nazista está reunida em um cinema, cuja dona é uma judia infiltrada. Em uma cena apocalíptica, a heroína põe fogo na sala de exibição e mata todo mundo. Adorava imaginar algo semelhante acontecendo no meu fígado. Eu fechava os olhos, via os tumores morrendo sufocados e me sentia leve.

Ao final da consulta, o sorriso confiante no rosto de Dr. Paulo me fez lembrar de uma frase atribuída ao conquistador espanhol Hernán Cortés: "Vencer ou vencer." Entendi que, a partir daquele ponto, a nossa viagem não teria volta. A batalha seria complicada, mas ainda não estava perdida. Anna sempre me dizia que eu não podia desistir antes de tentar. Eu me sentia forte e protegido para seguir em frente, sabendo que era o protagonista daquela história e que ninguém poderia lutar por mim. Também compreendia que eu lutava de verdade quando me conectava com o melhor que a vida podia me oferecer.

Sei que, em um jogo de futebol, de nada vale o otimismo da torcida se o time não está em uma boa fase. Mas, apesar das muitas desilusões sofridas no tempo regulamentar, eu continuava otimista para encarar a prorrogação, já que sentia uma felicidade imensa por estar vivo.

DIAS DE DOR E PRAZER

O câncer me fez entender que para cada dor existe uma compensação, desde que você consiga valorizar o que há de mais essencial na vida. Ao longo da doença, experimentei muitos desconfortos físicos, seguidos por inesquecíveis sensações de prazer.

Uma dessas experiências aconteceu na véspera de ter alta da minha primeira cirurgia. Passei a madrugada tentando urinar sem conseguir. A uretra ardia. Como não queria incomodar a Anna ou os enfermeiros àquela hora, tentei achar uma solução por conta própria. Comecei a tomar litros de água para ajudar. Mais adiante, achei que o moletom estivesse apertado e procurei uma roupa mais confortável. Nenhuma das minhas tentativas surtia efeito. Como sentia muito desconforto quando sentava ou deitava, fiquei a noite toda andando pelos corredores do hospital.

Quando o dia amanheceu, eu já sentia uma dor insuportável, que me parecia semelhante à descrição que as mulheres fazem das contrações que antecedem o parto natural. Era tanta dor que eu não conseguia mais falar. A essa altura, a Anna já tinha acordado e tentava me ajudar, fazendo massagens nas minhas costas. Nada adiantava. Quando já não aguentava mais, ligamos para o meu urologista, que fez uma ultrassonografia e descobriu que eu tinha mais de um litro de urina retido na bexiga. Visualizei uma garrafa pet de refrigerante. Estava prestes a explodir.

Sem perda de tempo, ele enfiou uma sonda pela minha uretra e começou a esvaziar o líquido represado. Não me lembro de ter experimentado tamanha sensação de alívio em toda minha vida. Foi como se tivesse chegado ao paraíso.

Deixei o hospital logo após este episódio, mas levei um dreno espetado na minha barriga, do qual demorei muito mais tempo para me livrar. Aquele tubinho horroroso era um verdadeiro inferno e me irritava profundamente. Além de vazar e cheirar mal, queimava a minha pele e me machucava o tempo todo, principalmente quando o carro trepidava. Não tinha noção de que as ruas de São Paulo eram tão esburacadas. A cada três ou quatro dias, íamos ao consultório do cirurgião para tirar mais um pedacinho do dreno, até que ele finalmente se foi, provocando outra sensação indescritível de alívio.

Quando a quimioterapia começou, vieram outros desconfortos. Os médicos dizem que cada paciente reage de um jeito. No meu caso, logo percebi que não teria mais uma vida normal, porque o cansaço era excessivo e aumentava com o decorrer do tratamento. Por conta da minha hiperatividade, sempre tive horror de pessoas preguiçosas, que não têm força de vontade e postergam suas responsabilidades. Acontece que, durante a quimioterapia, tudo tem que ser postergado.

Os ciclos de infusão aconteciam a cada duas ou três semanas. Quando o efeito batia, passava dias seguidos sem conseguir me mover. Atividades corriqueiras, como ir ao banheiro ou escovar os dentes, exigiam muito esforço. Percebia que, se estivesse sozinho, sem ninguém ao meu lado, ficaria o dia todo jogado na cama, sem comer, sem tomar banho, sem fazer nada, como se sofresse de depressão. Não que estivesse deprimido emocionalmente, mas meu corpo estava deprimido.

Tinha febre quase diariamente. Quando a temperatura do corpo subia, a energia despencava ainda mais. Também sentia dor nas pernas e um formigamento incessante nos pés. Para completar, a minha próstata estava aumentada. Deveria ter operado. Que arrependimento! Quando sentia vontade de fazer xixi, tinha que correr para o banheiro. Imagine o que é você correr para urinar várias vezes por noite, com o corpo pesado e o pé formigando. Fomos obrigados a ajustar as normas lá de casa. Ao invés de eu abaixar a tábua da privada, agora era a Anna que tinha de deixá-la suspensa. O descontrole da urina foi a minha maior dor emocional. Era humilhante deixar aqueles pingos pelo chão. Aquilo me dava um sentimento de decrepitude.

Mas eu não perdia o bom humor, nem quando estava na merda. Em um desses processos de quimioterapia, fiquei com uma prisão de ventre daquelas em que a barriga incha e você não consegue fazer mais nada. Era como se tivesse um milho quente entalado no ânus. Não conseguia ficar de pé. Uma coisa horrorosa. Toquei para o hospital. No pronto atendimento, um profissional muito sério começou a utilizar vários termos médicos para me explicar o procedimento que faria. Quando a assistente de Dr. Paulo chegou, confidenciei para ela: "Luana, o médico usou muitas expressões científicas, mas estou desconfiado de que ele vai enfiar o dedo no meu cu." Dito e feito. Foi a única vez que pedi a Anna para sair do quarto, porque a intimidade já era demais da conta. Após a "escavação do metrô", me enfiaram um tubo de glicerina e as comportas se abriram. Mais uma vez, experimentei a sensação de liberdade em estado puro.

A segunda etapa da quimioterapia também ficou marcada pela queda de cabelo. Enquanto observava os meus pelos caírem, me dava conta das mudanças profundas que aconteciam no meu corpo e já não o reconhecia mais. Me sentia muito velho. A minha masculinidade foi extremamente afetada. Além da impotência sexual, muitas vezes não tinha forças nem para abrir uma garrafa. O jeito foi viver cada dia sem pensar no próximo.

Combinado a tudo isso vinha o drama da alimentação. Comer era um sufoco. Eu não sentia fome, o cheiro da comida me incomodava e nunca sabia que gosto os alimentos teriam quando chegassem à minha boca. Até a água ficou amarga. Eu me alimentava na marra.

Acontece que, entre um ciclo e outro da quimioterapia, os efeitos colaterais diminuíam, dando lugar ao mundo encantado das compensações. Eu voltava à vida. Recuperava o apetite e a força, recomeçava a caminhar, a tocar meus projetos sociais, a pensar no futuro. Atacava a geladeira de madrugada para comer doces, tomava um pote inteiro de sorvete, devorava o resto do bolo, me lambuzava de chocolate. Eram dias de felicidade.

Sentia um prazer enorme de partir aquele pão quentinho da Padaria Rodésia, passar um pouco de manteiga e enfiar na gema mole de um ovo frito. Nunca mais tinha feito aquilo. Fui redescobrindo os gostos da minha infância. Queria o sanduíche de peito de frango com queijo prato na chapa que eu comia na adolescência. Saía desesperado atrás de um frapê de coco daqueles bem simples, feitos só com sorvete e leite batidos no liquidificador. Como agora tudo é *gourmet*, precisava quase subornar os garçons para não enfiarem um monte de frescuras na minha bebida.

No Mestiço, um dos meus restaurantes preferidos, troquei os pedidos mais elaborados por um *spaghettini* na manteiga com gostinho de alho e sálvia. Era o prato mais simples do cardápio, mas, naquele momento, me parecia o manjar de todos os deuses. Comia como uma criança, com o mesmo entusiasmo do meu neto Zeca quando se depara com um bolo de chocolate.

Uma noite, sonhei com drops Dulcora, aqueles embrulhadinhos um a um, que eu comprava nos cinemas da minha juventude. Descobri que não era fabricado havia mais de dez anos. Por sorte, encontrei uma bala com gosto parecido no balcão de uma loja de brinquedos. Fiquei tão extasiado que a dona do estabelecimento me presenteou com um saco inteiro das guloseimas.

Durante esses momentos de trégua, além de comer com prazer, brigava com a inércia. Dizia que eu também precisava dar uma canseira no

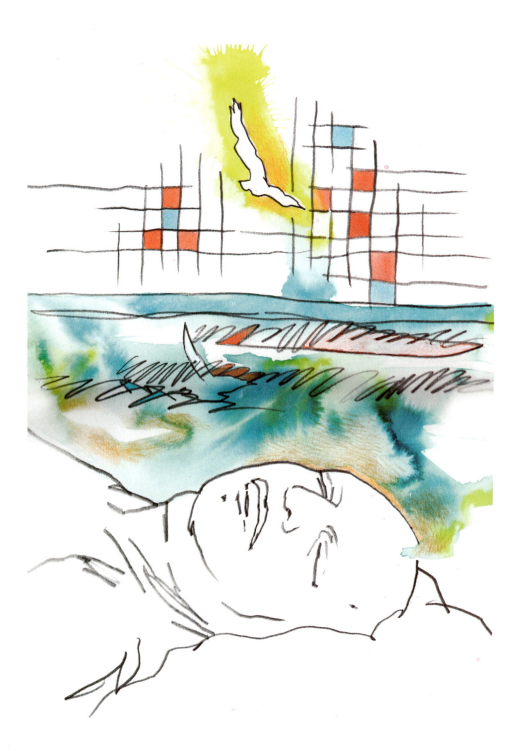

Câncer é algo que não desejo para ninguém, mas desejo para todos a profundidade que você ganha ao se deparar com o limite da vida.

Descobri que o jardim da nossa casa é o mais bonito do mundo, porque é o jardim da nossa casa.

A minha existência se tornou um campo de descobertas e foi incorporando sons, cores, sensações e emoções.

Sentia um contentamento gigantesco pelo simples fato de estar vivo e poder compartilhar os meus últimos melhores dias com as pessoas que me cercavam.

O câncer me fez descobrir o amor. Eu não sabia o que era o amor de verdade, nem que seria possível amar uma outra pessoa com tamanha profundidade.

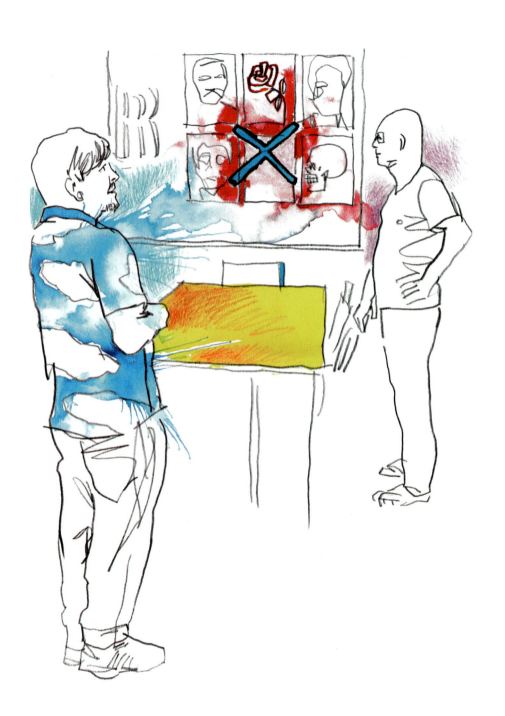

Fiz um acordo com o Baixo e montei meu escritório no meio das obras de arte. Costumava me apegar tanto a elas que sofria quando eram vendidas.

Quando voltava para casa pedalando a minha bicicleta turbinada, prestava cada vez mais atenção nos pedestres, nos mosaicos, nos *graffitis*, na música de rua, no meu cotidiano extraordinário.

O câncer me fez entender que, para cada dor, existe uma compensação, desde que você consiga valorizar o que há de mais essencial na vida.

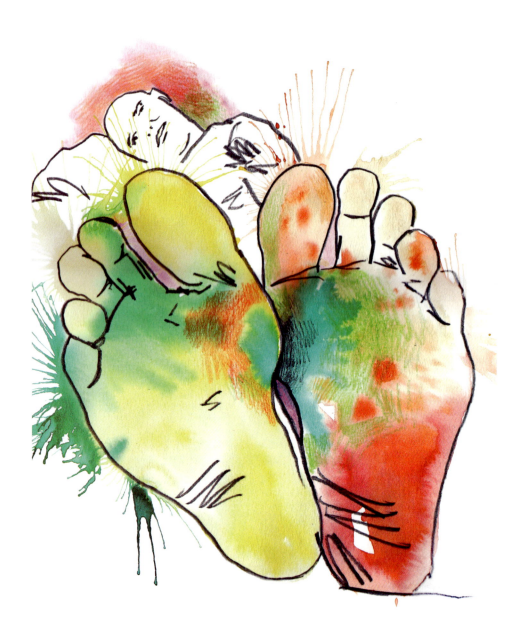

A coisa mais importante para um ser humano é a sua narrativa, o seu propósito. Sem narrativa, somos como um ator no palco sem saber o roteiro.

Sentia o amor dos meus filhos e percebia que, apesar de todas as minhas contradições, havia construído uma família.

Eu não precisei fazer nenhum esforço para ser um avô de verdade. Zeca me abriu o caminho para o afeto que eu sentiria com mais força depois do câncer.

O tempo passou o homem. Vovô vai virar luz.

Assim como nos adágios, dor e prazer, liberdade e opressão se misturavam no meu peito, enquanto eu olhava o pôr do sol pela janela do meu quarto.

Comecei a ter dificuldade para ouvir o que as pessoas falavam, mas escutava o meu coração bater alto, sem parar: tum-tum-tum.

Senti orgulho do nome que levaria comigo após o meu último sopro.

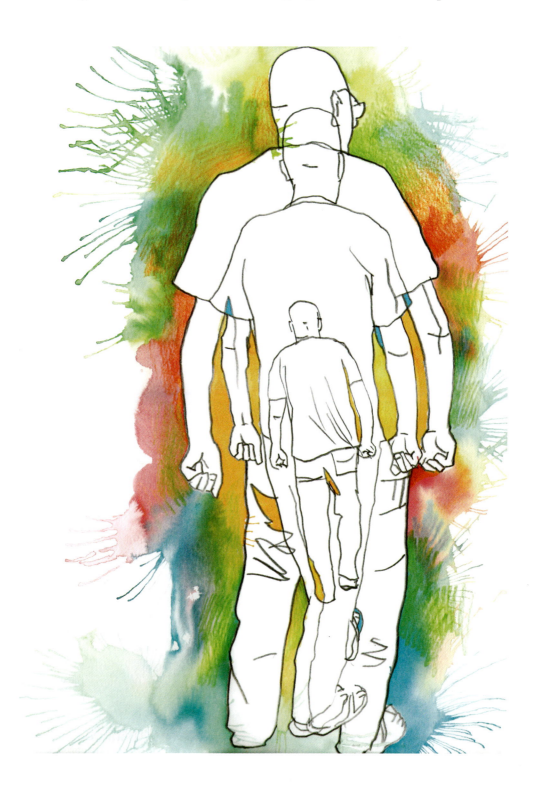

Da praia, eu lhe acenava mais alguns beijos e promessas:
ficaríamos todos juntos, honraríamos o seu nome, criaríamos os seus netos.

câncer, já que ele me dava tanto cansaço. Então, pegava minha bicicleta e pedalava até a sorveteria. Tomar um sorvete de limão siciliano com maracujá no meio da tarde passou a ter um significado totalmente diferente. Lambia a minha casquinha e compreendia que ninguém ao meu lado seria capaz de imaginar o prazer que aquele sorvete me dava. Pensava comigo mesmo: "Como é bom estar vivo."

A luta contra o câncer é uma prova de resistência. Uma guerrilha diária contra as demandas do corpo. Na virada do ano em que já estava doente, tomei um banho maravilhoso de cachoeira e acabei pegando uma pneumonia. Fiquei muito abatido. Sentia minha força indo embora, e eu indo embora junto com ela. Quando eu já parecia um daqueles bonequinhos com a pilha fraca, um amigo tocou a nossa campainha para nos convidar a assistir ao concerto do André Mehmari tocando Noel Rosa na casa ao lado. Tomei coragem e me arrastei até lá.

Percorri quinze metros como se fossem três quilômetros, mas valeu a pena. Vivi um daqueles momentos em que a beleza da música exerce um poder mágico sobre o corpo e a alma. Mehmari transformou todo o *songbook* do Noel Rosa em uma obra de jazz. Eu estava sentado bem próximo do piano. Observava os dedos dele escorregarem pelo teclado e quase podia visualizar as notas se deslocando no ar. Quando o show acabou, me sentia muito melhor.

Outro amigo que teve efeito mais poderoso que antibiótico nessa fase da minha doença foi o pianista e maestro João Carlos Martins, o maior exemplo de resiliência e superação que conheço. Sua força e conexão com a vida sempre me contagiaram. Várias vezes, anunciei que ele iria parar de tocar por não conseguir mais mover as mãos, mas João sempre encontrava um jeito de driblar o destino. Falávamos frequentemente ao telefone, e ele me contava que estava treinando, quatro horas por dia, com as luvas biônicas que lhe haviam permitido voltar a tocar.

Um dia, João veio me visitar. Ele queria criar uma orquestra em Boa Vista para inclusão de músicos refugiados. Sugeri que fizesse algo maior, uma orquestra sem fronteiras, formada por músicos estrangeiros que residem em várias regiões do Brasil, inclusive os refugiados. Eu estava bem baqueado, mas bastou aquela conversa para me despertar uma energia que há muito não sentia. Mais importante do que o projeto em si era o ato de criar, pensar em como torná-lo realidade, inventar um nome para ele, imaginar quem pudesse patrociná-lo.

Meu neto também era antídoto para muitos dos meus desconfortos com a doença. Quando vinha dormir conosco, a Anna passava uma hora cantando cantigas de ninar. Deitava ao lado deles e parecia que era eu que estava sendo colocado para dormir. Mas ninguém dormia, pois o Zeca perguntava a todo momento: "Por que o coelho comeu a cenoura com casca e tudo? Por que o pato bateu no marreco?" Aquela tempestade de porquês me fascinava. Ele prestava tanta atenção, tinha tanta vontade de saber mais. Brigava com o sono por conta daquela curiosidade em estado bruto, sem controle. E quanto mais o meu corpo dava sinais de fraqueza, mais eu me agarrava, não aos porquês do Zeca ou aos projetos do João Carlos Martins, mas àquela possibilidade de brincar com o entusiasmo.

Quando a terceira fase do tratamento começou, enfiavam tantas drogas no meu organismo que eu já não conseguia mais contabilizar os efeitos colaterais. Às vezes, acordava no meio da noite para tentar perceber o movimento de todas aquelas medicações no meu corpo. O Interferon fez do meu cotidiano um saco de pancadas. Tinha febre alta todo dia e calafrios de verdade. A quimioterapia oral eliminou completamente a minha vontade de comer. Para completar, depois da segunda embolização, começaram as explosões de vômito. Eu tomava sopa e vomitava, comia uvas e vomitava. Duas semanas depois, já vomitava até com água. E lá estava a Anna de novo ao meu lado, segurando a minha testa, limpando a minha sujeira.

Encorajado por ela, continuava me obrigando a comer para não deixar a imunidade baixar e o câncer ficar sapateando no meu organismo.

Mas, quando a hora das refeições se aproximava, era um verdadeiro terror. Perdi mais de cinco quilos. Fiquei muito magro, com aspecto de doente. Não sou de reclamar, mas chegou um momento em que tombei de não aguentar mais.

Nessa etapa de desgaste extremo, não conseguia mais caminhar, nem pedalar minha bicicleta. O quarto virou meu reduto. Foi então que algo delicioso me aconteceu. Quando eu ainda era casado com a Âmbar de Barros, mãe dos meus filhos, comprei uma poltrona bem acolchoada, daquelas que nos envolvem como um abraço. Adorava aquela peça cheia de estilo e já fora de linha, mas acabei abrindo mão dela na repartição de bens.

A minha chance de resgatá-la surgiu quando a Âmbar se mudou e deu a poltrona para meu filho Gabriel. Como ele e a mulher estavam sem grana para comprar um sofá novo, propus uma troca: "Compro o sofá se vocês me derem a poltrona." Negócio fechado. O móvel chegou todo desbotado, mas maravilhoso como sempre. Para disfarçar as marcas do tempo, a Anna jogou por cima uma manta do Peru e uma almofada de Bangladesh. No dia que a ajeitamos no quarto, tive uma insônia daquelas e fiquei sentado ali por horas, feliz de ter de volta a minha poltrona para acolher o meu cansaço.

Mas o grande momento do dia eram as sessões de massagem da Anna, que me aliviavam mais do que canabidiol. O ritual começava com um banho demorado. Eu sentava em uma cadeira plástica, embaixo daquela água quente e abundante, e me ensaboava lentamente, sentindo desaparecerem os cheiros do vômito, da urina e da doença que se grudavam ao meu corpo já exausto de apanhar.

Com a pele ainda úmida, deitava atravessado no colchão sueco gigante, e a Anna começava a tocar delicadamente os meus pés, que ainda pinicavam por conta da quimioterapia anterior. Sentia as mãos dela subindo pelas minhas pernas, alcançando as minhas costas, mas nunca me lembrava do final. Eu dormia experimentando aquele gozo relaxante e sorria ao pensar que a nossa relação ficava cada dia melhor.

DIAS NA VILA MADALENA

A única "ilusão de consumo" que tive na vida foi comprar um pequeno apartamento em Nova York, lugar que amava e no qual me sentia em casa desde a adolescência. Morei lá por três anos, na segunda metade da década de 1990, o que me possibilitou descobrir uma cidade muito mais provinciana, onde tinha relação com o cara que vendia jornal, o restaurante em que tomava café da manhã, os professores e pais da escola dos meus filhos.

Muitas pessoas vão a Nova York e ficam atarantadas com todo aquele movimento. Eu já começava a relaxar quando aterrissava no aeroporto. Gostava de ir a concertos e teatros, mas o que mais me fascinava era o lado humano e criativo de uma metrópole que gera talentos e valoriza a diversidade.

Por isso, sonhava com um quarto e sala que me fizesse sentir parte daquele território e onde pudesse passar o outono ou a primavera para perambular diariamente pelo Central Park. Nos meus longos passeios por Manhattan, tinha o hábito de parar em frente às imobiliárias, bisbilhotar os anúncios e converter o preço dos imóveis para a moeda brasileira. Durante muito tempo, os valores estiveram muito acima das minhas possibilidades. Quando juntei dinheiro suficiente, já não fazia o menor sentido ter um endereço fora do Brasil.

Àquela altura, meus sonhos estavam irrevogavelmente fincados na Vila Madalena, bairro paulistano para onde me mudei em 1998. Preciso confessar que identificava vários cruzamentos entre Nova York e a Vila, especialmente porque ambas conseguem humanizar espaços urbanos marcados pelo caos e pela desumanidade. Vivi uma situação que ilustra bem essa conexão.

Caminhava pelo bairro como de costume quando topei com o músico e produtor cultural Guga Stroeter, que me convidou para uma *jam session*. Resolvi dar uma passada no evento só por curiosidade e fui surpreendido por um som totalmente inovador. Não sabia se era chorinho ou jazz, mas tinha certeza de que aqueles músicos eram de outro planeta. Cheguei mais perto e o meu espanto aumentou ao descobrir que o trompetista na minha frente era ninguém menos do que Wynton Marsalis, criador do Jazz at Lincoln Center, um dos meus lugares preferidos em Manhattan. Não podia acreditar que estava ouvindo uma verdadeira lenda da música negra norte-americana tocar de graça na esquina da minha casa. Era como se Nova York tivesse se transportado para um galpão na Vila Madalena.

Tenho um quadro que sintetiza essa mistura de paisagens. O artista insere elementos da cultura nova-iorquina em uma foto do Beco do Batman, principal ponto turístico do bairro por conta dos seus muros cobertos de *graffiti*. Quando vi a obra, comprei na mesma hora. Aliás, a nossa casa é quase um memorial. Ao longo dos anos, colecionei obras de vários artistas plásticos que retratam as casinhas típicas desta região, muitas delas já demolidas por um desenfreado processo de verticalização.

Com o passar do tempo, a Vila Madalena se tornou o meu país. Foi aqui que realizei o meu verdadeiro sonho de consumo, ao contribuir para transformar o bairro em uma microutopia paulistana, um experimento que acabou servindo de inspiração para toda a cidade. Trabalhei incessantemente com indivíduos, coletivos, organizações governamentais e não governamentais para viabilizar diversas soluções criativas, que eu chamava de acupunturas urbanas. A ideia era fazer da

Vila Madalena uma espécie de símbolo da cidadania, seja colorindo seus muros, seja transformando o bairro em um grande espaço educativo.

Logo que aportei por aqui, criamos a Associação Cidade Escola Aprendiz e o conceito de bairro-escola, que busca transformar a rua em uma extensão da sala de aula. A intenção era permitir que crianças e jovens vivenciassem experiências educativas em praças, parques, centros culturais, restaurantes, ateliês. Em seguida, mobilizamos a comunidade para fazer intervenções artísticas em dezenas de muros, postes e calçadas, primeiro com mosaicos e azulejos, depois com *graffiti*. O bairro foi totalmente colorido por seus próprios habitantes.

A pior violência é a da invisibilidade. Para se tornar um cidadão, o indivíduo precisa se sentir percebido, reconhecido, aceito. A exclusão produz legiões de invisíveis ressentidos e de incluídos amedrontados, trancados em seus carros, condomínios e shopping centers. Ao dar visibilidade para moradores e visitantes, os nossos azulejos e mosaicos se transformaram em verdadeiras "digitais coloridas".

Foi com essa mesma intenção que montamos uma escola de grafitagem para fortalecer o movimento que começava a surgir no Beco do Batman. Oferecemos novos materiais e referências para os grafiteiros e demos visibilidade a artistas como Os Gêmeos e o Kobra, que ganharam projeção internacional. Aos poucos, a Vila Madalena foi ganhando uma estética própria, que a distinguia do resto da cidade.

O bairro sempre teve alma criativa. Dizem que suas ruas — Original, Harmonia, Simpatia, Purpurina — foram batizadas pelo escritor Oswald de Andrade. Não sei se é verdade, mas gosto de pensar que sim. Quando o regime militar fechou a residência universitária da USP, muitos estudantes se mudaram para cá, um lugar ainda barato para se viver. Com eles, vieram os artistas de vanguarda, os músicos, escritores e cineastas transgressores, entre outros representantes da contracultura. Décadas mais tarde, chegaram os acadêmicos, jornalistas, terapeutas e ativistas sociais, seguidos pelos designers e publicitários descolados. A região acabou se transformando em polo de economia criativa e suas ruas foram ocupadas por galerias de arte, escritórios de design, restaurantes de chefs consagrados, lojas de móveis, roupas e sapatos estilosos.

Quem mora na Vila Madalena — e é bairrista como eu — costuma dizer, sem falsa modéstia, que as melhores coisas do bairro são também as melhores coisas do mundo. O bolo de laranja que comi em uma das madrugadas de corrente de orações foi comprado na Doces de Laura, parada obrigatória quando voltávamos das sessões de quimioterapia. Também visitava constantemente A Queijaria, que vendia iguarias incríveis, produzidas pelos melhores queijeiros de norte a sul do Brasil.

Com os argentinos, nos acostumamos a comer empanadas e churrasco à moda do país vizinho. Adorava ir ao restaurante Martín Fierro e pedir um galeto na brasa com cebolas e batatas bravas. Outro churrasco de frango famoso no bairro é o do Galinheiro, cujo nome suspeito não inibe as pessoas de formarem longas filas à sua porta, especialmente aos domingos.

Arrisco-me a dizer que a Vila Madalena não é apenas um bairro, mas um estado de espírito. A maioria dos seus habitantes tem um mesmo jeito de ser. São parecidos na maneira com que se vestem, se comportam, ouvem música, votam. Aqui ainda há espaço para o politicamente correto, para a defesa da diversidade, das questões ambientais, dos direitos das mulheres, da população LGBT, das minorias, dos animais. Grande parte dos moradores se graduou no ensino superior, fez mestrado, doutorado, estudou no exterior. Muitos deles buscam uma educação mais inovadora para seus filhos e curtem alimentação orgânica, vegetariana ou vegana.

Por conta dessas caraterísticas, a Vila virou motivo de chacota entre grupos sociais mais conservadores. Às vezes, tinha a sensação de que vivia em um bunker, mas adorava me sentir cercado por seres humanos abertos ao novo, que viam o mundo de uma forma diferente e buscavam o conhecimento sem reservas.

O bairro também é habitado por inúmeros profissionais que trabalham com processos de cura, como psicanalistas, psicólogos, massoterapeutas, professores de yoga, médicos homeopatas, antroposóficos, ayurvedas. Quando fiquei doente, bastava sair às ruas para receber uma infinidade de dicas sobre tratamentos alternativos, compartilhadas com uma convicção impressionante.

As esquinas da Vila costumavam me reservar grandes surpresas. No cruzamento entre as Ruas Simpatia e Harmonia, encontrei uma menina de olhos brilhantes que me disse de supetão: "Quero que você escreva o livro da minha vida." Achei aquilo muito estranho, mas ela falava com tanta confiança que parei para escutar. Chamava-se Esmeralda e participava de um programa da Cidade Escola Aprendiz. Tinha vivido na rua por muito tempo, na região da Praça da Sé. Usou drogas, traficou, roubou, aquele desastre. No entanto, tinha uma inteligência extraordinária. Decidi ajudá-la a escrever sua própria história. Como ela havia passado boa parte da vida chapada, muitas vezes não conseguia separar a fantasia da realidade. Sugeri que fizesse uma reportagem sobre si mesma, entrevistando pessoas com as quais convivera naquele período. Ela falou com assistentes sociais, diretores de unidades de internação, mas não encontrou um único amigo. Todos tinham morrido. Sugeri que ela contasse como fez para sobreviver. Assim nasceu o livro *Esmeralda: por que não dancei*.

Durante muitos anos, passava o dia inteiro subindo e descendo as ladeiras do bairro, onde descobri muitas pedras preciosas. Depois dos 60 anos, tive que trocar a vida de andarilho pela de ciclista. Eu já estava em processo de quimioterapia quando passei na frente da Pixel Bike Shop e me deparei com uma verdadeira Ferrari de duas rodas. Fiquei na dúvida sobre se eu teria tempo suficiente para usufruir daquela maravilha, mas achei que merecia o presente. Que delícia era pedalar por aqueles morros como se estivesse andando em uma via plana.

Há alguns anos, criamos um movimento para iluminar e impedir a circulação de carros no Beco do Batman, até então utilizado como via de passagem e estacionamento. No início, os grafiteiros usavam a área clandestinamente. Como dava para o fundo das casas, eles conseguiam pintar sem ser repreendidos. Com o tempo, os *graffitis* foram ficando cada vez mais sofisticados e transformaram o espaço em uma verdadeira galeria de arte a céu aberto. Eu tinha uma paixão enorme por aquela resistência colorida na cidade cinza.

Quem primeiro me alertou para a necessidade de restringir a circulação de carros no Beco foi o Dirceu Dias, morador antigo e diretor de escola pública. A colaboração dele foi fundamental no processo de diálogo com a comunidade e a prefeitura. Para reforçar a mobilização, mudamos a sede da Catraca Livre para lá e começamos a promover atividades culturais nos finais de semana. Finalmente, o então prefeito Fernando Haddad limitou a área apenas para pedestres e, alguns anos depois, o prefeito Bruno Covas transformou o Beco do Batman em patrimônio cultural de São Paulo.

Também batalhei muito para que, aos domingos, os carros parassem de circular por uma faixa da Rua Medeiros de Albuquerque, localizada ao lado do Beco. Espalhamos cadeiras de praia pelo asfalto, organizamos shows de música e transformamos o lugar em espaço gratuito de arte, cultura e convivência. Era lá que ficava a galeria Choque Cultural, referência em arte urbana. O proprietário, Baixo Ribeiro, foi um dos responsáveis por promover o *graffiti* brasileiro internacionalmente. Não sou de fazer essas loucuras, mas, quando soube que a galeria iria fechar por dificuldades financeiras, comprei o imóvel que a abrigava para mantê-la funcionando. Em seguida, fiz um acordo com o Baixo e montei meu escritório no meio das obras de arte. Costumava me apegar tanto a elas que sofria quando eram vendidas.

No início do câncer, a Choque Cultural virou meu segundo refúgio. Eu tinha lá uma poltrona vermelha comprada em um antiquário, na qual me refestelava para viajar naquele turbilhão de traços e cores. Quando voltava para casa pedalando a minha bicicleta turbinada, prestava cada vez mais atenção nos pedestres, nos mosaicos, nos *graffitis*, na música de rua, no meu cotidiano extraordinário.

DIAS DE CONFINAMENTO

Em um sábado frio de outono, tive que ir à clínica para realizar mais um procedimento. Na volta para casa, entramos na Vila Madalena no exato momento em que a *playlist* do Spotify começava a tocar o "Adágio para cordas" de Barber. Como uma trilha de Morricone, a melancolia da música parecia se encaixar perfeitamente naquele cenário desolador: ruas desertas, sem vida, apáticas. As paisagens que ajudei a criar e os lugares em que amava passear pareciam ter sido bombardeados por seres alienígenas em um filme de ficção científica. Aquilo abateu a minha alma. Do meu mundo lutando contra o câncer, eu observava o mundo lutar contra o coronavírus.

Uma das coisas que mais gostava de fazer na vida era caminhar, caminhar, caminhar, até me perder. Sou o que os franceses chamam de *flâneur*. Nunca saí com um guia na mão. Adorava flanar para desbravar o mundo de um jeito *serendipity*, expressão que significa descobrir as coisas por acaso. Para mim, o prazer estava no jogo. Eu encontrava o que o acaso queria que encontrasse. Quando voltava das minhas viagens, frequentemente me dava conta de que não tinha visitado locais importantes, porque o que me chamava a atenção era um azulejo antigo, a expressão de uma criança, o sol refletindo em uma fonte. Precisei ir a Londres duas ou três vezes para finalmente entrar em um museu. O mesmo aconteceu em Paris.

Comecei a fazer essas longas caminhadas durante as férias no Mosqueiro. Eu ainda era pequeno, mas, como, naquela época, não havia problema de segurança, podia flanar à vontade. Analisando o meu histórico médico, acho que caminhar foi o jeito que encontrei para jogar serotonina no corpo e aliviar a ansiedade. Flanar nunca me deixava cansado. No meio do caminho, parava, tomava algo, comia um sanduíche. Andava dez horas seguidas, porque não se tratava apenas de passear, mas de me entregar à rua.

Barcelona é um parque de diversões para quem aprecia soluções urbanas, porque a cidade foi totalmente reinventada. Estava fazendo *serendipity* lá com a Anna, quando, de repente, nos deparamos com o conhecidíssimo mercado local chamado La Boqueria. Se chegar àquele lugar intencionalmente já é incrível, imagine topar com ele por acaso. Fiquei louco com as bancas de queijos, azeitonas, frutos do mar. Eu podia sentir o Mediterrâneo inteiro concentrado naquele espaço. Sentamos em um dos restaurantes e me embebedei de vinho branco, comendo peixes, lulas, camarões.

Em Londres, o destino me guiou até a Tate Modern, onde pude me deliciar com inúmeras obras de Henri Matisse, para depois tropeçar no Borough Market, outro mercado repleto de comidinhas das mais variadas origens. Parecia um laboratório gastronômico. Em Paris, tive fome no meio da caminhada e, ao invés de procurar um daqueles restaurantes sofisticados, resolvi entrar em um café qualquer, onde comi o melhor croissant do planeta. E ainda havia Nova York e Roma, onde flanava como um profissional.

Serendipity é isso, e foi dessa maneira que conheci o mundo. Quando o coronavírus apareceu, essa dimensão da minha vida foi embora para nunca mais voltar. Comecei a ver imagens inacreditáveis dos lugares por onde caminhava, onde vivia o encanto da rua. Locais antes empanturrados de gente estavam totalmente desertos. Pareciam cidades fantasmas.

Enquanto o carro avançava por uma Vila Madalena igualmente combalida, sentia como se os meus sonhos estivessem se desmanchando. A rua havia se transformado em uma grande ameaça. Não bastasse o fascismo, o nazismo, o populismo, as *fake news*, agora também tínhamos que nos proteger de um inimigo invisível e letal. Ou melhor, dois inimigos invisíveis e letais, já que tanto o coronavírus quanto o câncer agregavam surpresa e suspense ao meu cotidiano. Meu médico já tinha me dito que dificilmente resistiria se fosse contaminado pela Covid-19. Eu integrava um dos grupos de mais alto risco e, para me proteger, teria que ficar confinado e deixar de receber visitas.

Minha casa se tornou a minha fortaleza. Já a Anna transformou a pandemia em uma guerra pessoal e passou a se comportar como um general protegendo seu país contra um exército invasor. Dizia que não podia me curar do câncer, mas que se sentiria irremediavelmente culpada se eu morresse por conta do vírus. Para evitar que isso acontecesse, estudou todos os protocolos, tomou todas as providências, passou a lavar as mãos dezenas de vezes. Ela ficava tão angustiada quando eu tinha de ir à clínica para tomar as injeções de Interferon que conseguiu convencer a clínica a vir até nós.

Quando a quarentena foi decretada, já havia algum tempo que eu não saía de casa por causa do câncer, portanto estava habituado à rotina do confinamento. Acordava, tomava café e, muitas vezes, voltava a dormir. Já não sabia mais se era segunda, terça, quarta ou final de semana. Assistíamos a filmes na Netflix, na Amazon Prime, na Net Now, recursos que se tornaram indispensáveis. A Anna também lia para mim. Lemos juntos a biografia da Fernanda Montenegro e um livro hipnotizante sobre a história do câncer — *O imperador de todos os males*, de Siddhartha Mukherjee, presente de Dr. Paulo Hoff. Como eu tinha dificuldade para andar, a Anna teve que assumir todas as posições. Até me sentia culpado por não poder ajudar com a limpeza e as refeições, mas o que me deixava mais chateado era não recompensar o seu esforço. Sentava à mesa e enrolava igualzinho ao meu neto quando não queria comer.

Mas a tensão frente ao confinamento cresceu mesmo quando comecei a pensar que nunca mais iria a cinemas, teatros, concertos, nunca mais faria minhas caminhadas. E a pior pancada foi não ter mais o Zeca por perto, já que ele era para mim uma espécie de quimioterapia humana. Eu não tinha disposição para brincar com ele por muito tempo, mas era uma felicidade imensa vê-lo reinando no jardim, dormindo no meio da gente. Meus filhos também não puderam mais nos visitar, e eu perdi algumas compensações importantes, que me ajudavam a lidar com as privações da doença.

Felizmente, a situação de excepcionalidade gerada pelo coronavírus trouxe soluções tecnológicas extraordinárias, que enchiam os meus olhos de comunicador. Observava a ascensão inexorável da comunicação virtual em suas formas mais sofisticadas. Para estar perto do Zeca, usávamos o WhatsApp. Anna passou a ler histórias e cantar cantigas infantis para ele pelo celular. A alternativa não dava conta da minha vontade de abraçar o meu neto, mas já iluminava o nosso final de tarde.

O Zoom se transformou na sala de jantar da nossa família e nos propiciou encontros frequentes. Usamos o aplicativo até para celebrar a cerimônia de Pessach, a páscoa judaica, que lembra a saída dos judeus do Egito. A experiência virou uma grande brincadeira. Não tínhamos o calor da presença física, mas pudemos incluir a família do meu irmão Bernardo, que mora em Israel, e minha enteada Joana, que vive em Portugal. Alguns dias depois, fui uma das mais de cinquenta pessoas presentes na reza virtual em homenagem à passagem de um ano da morte da minha prima Alita Kraiser, que também teve câncer de pâncreas. Não teria conseguido participar do evento se fosse presencial. Toda semana, a Anna organizava encontros com a família e as amigas. As conversas duravam mais de duas horas. Em pouco tempo, um aplicativo que ainda não conhecia conseguiu driblar o isolamento e nos manter mais conectados do que antes.

Outra palavra que entrou definitivamente no meu dicionário durante a quarentena, com um sentido completamente novo, foi a tal da live. Suspeitava que aquela enxurrada de aulas, palestras e shows gratuitos iria mudar o mundo para sempre. Fiquei fascinado ao ver que todos os grandes músicos aderiam ao formato de concertos on-line, atraindo milhões de espectadores e ganhando muito dinheiro. Assisti ao Andrea Bocelli cantando no domo de Milão. Em uma situação normal, a falta de público na catedral teria estragado a apresentação. Naquele caso, o vazio do ambiente provocou um efeito ainda mais impactante. Era Domingo de Páscoa e ele interpretou algumas das músicas religiosas mais belas que conheço. Quando cantou "Amazing Grace" e as imagens do concerto se mesclaram às de ruas desertas em Roma, Paris, Londres e Nova York, me dei conta de que a arte era a forma mais poderosa de resistência contra o vírus.

No início da pandemia, acompanhava os gráficos de evolução da doença como um corretor da bolsa de valores monitorando o pregão. Torcia fervorosamente e comemorava quando as curvas de contaminação e morte baixavam. Apoiava as campanhas de mobilização social, como a #flattenthecurve nos Estados Unidos e a #ficaemcasa no Brasil. Também me emocionava com as incríveis manifestações de solidariedade, que me lembravam da rede de afetos com a qual me conectei depois do câncer. Jovens deixavam comida na porta dos idosos, enquanto idosos em estado grave cediam seus respiradores para pacientes mais jovens. Empresas e indivíduos se esforçavam para arrecadar doações ou buscar soluções criativas para amenizar os dramas cotidianos. Músicos profissionais e amadores faziam apresentações na varanda para alegrar os vizinhos. Até o Agnaldo Rayol, com 81 anos, cantou a Ave Maria na janela do seu apartamento. A internet se encheu de grupos e tutoriais de apoio, além de memes e vídeos bem-humorados para aliviar o estresse. Havia um senso maior de comunidade.

Como eu já estava imerso em reflexões sobre o lado encantador da vida, fiquei bastante impressionado com a união planetária de cientistas, que, apesar das suas disputas e vaidades, começaram a trabalhar de forma mais colaborativa para acelerar a produção de uma vacina capaz de conter o vírus. Durante as 24 horas do dia, os maiores cérebros na área de infectologia, química e biologia pesquisavam em laboratórios espalhados por todo o mundo, como um verdadeiro exército de glóbulos brancos. Pensava que seria incrível se conseguíssemos criar esse mesmo senso de urgência e colaboração para combater o aquecimento global e encontrar a cura definitiva para o câncer.

O coronavírus trouxe a visão óbvia da catástrofe, mas o instinto de sobrevivência uniu as pessoas em torno dessa teia de relações afetuosas e construtivas, que passei a chamar de amor. A situação parecia de fato espelhar aquele período da minha vida. Eu observava os gestos solidários e me orgulhava de fazer parte da humanidade. Testemunhava a resiliência dos indivíduos frente a dificuldades complexas e me animava a superar as minhas próprias adversidades junto com eles.

O que me decepcionava eram os doentes patológicos e patologistas presumidos que se posicionavam contra o isolamento social. O presidente Jair Bolsonaro insistia em contrariar princípios básicos da ciência, descumprindo todas as recomendações das organizações e profissionais de saúde. Bastava desencorajar que as pessoas se aglomerassem, mas fazia justo o contrário, participando de manifestações públicas e cumprimentando fisicamente as pessoas presentes. Ou seja, o próprio líder da nação estimulava a disseminação do vírus, sandice que não encontrava paralelo em nenhum país civilizado.

Até mesmo o Trump, que desprezava os cientistas, passou a seguir os protocolos ditados pelas normas científicas. Já Bolsonaro, que tem pouquíssimo estudo, resolveu se meter a médico e receitar remédios sem efeito comprovado. Como consequência, comprometeu sua imagem mundialmente e perdeu apoio de parte importante do seu eleitorado.

Evidentemente, eu me preocupava com a economia. Naquele momento, as empresas já entravam em crise, os projetos sociais perdiam financiamento, e as projeções indicavam que milhões de brasileiros ficariam desempregados. No entanto, colocar a saúde e a vida da população em risco representava uma total irresponsabilidade. Insensível, Bolsonaro continuava a dizer que a Covid-19 não passava de uma gripezinha e que o brasileiro tinha muita resistência, porque nadava no esgoto. O nível de loucura me fazia crer que o presidente era a maior ameaça que enfrentávamos durante a pandemia.

Acompanhava a forte reação da imprensa a todas essas barbaridades e me sentia feliz por fazer parte da tribo da resistência. Também me encorajava a utilizar os meus próprios canais no Twitter, Facebook e LinkedIn, além da Catraca Livre, que tem 20 milhões de leitores, para lutar contra a crise do coronavírus, inclusos aí os desmandos de Bolsonaro. Já dormia sabendo que, ao acordar, me depararia com uma bobagem feita ou dita por ele que teria que combater. Mais uma vez, experimentava o prazer de usar a comunicação para promover causas sociais importantes.

A Vila Madalena era outra frente de resistência que eu tinha orgulho de integrar. Muita gente do bairro se mobilizou para participar dos panelaços contra o presidente, reagindo aos seus posicionamentos em relação à crise sanitária. Infelizmente, as manifestações aconteciam no horário de pico da minha febre diária, então não conseguia ir à varanda participar. Anna batia panela por nós dois. Com os olhos fechados e enrolado em dois edredons, eu escutava aquela barulheira infernal como se meu bairro falasse comigo, como se me dissesse que não estava isolado, pois lutávamos juntos. De repente, me vinha aquela sensação boa de comunhão por um Brasil melhor. Confesso que também não pude deixar de sorrir quando soube que a *live* da Marília Mendonça teve muito mais público do que a do Bolsonaro marcada para os mesmos dia e horário.

E foi assim que o coronavírus entrou com ímpeto nas nossas vidas, apesar de todos os nossos esforços para nos mantermos distantes. Curiosamente, o início da quarentena coincidiu com a chegada de dias belíssimos, em que o azul radiante do céu se opunha à sensação de ameaça. Assim como nos adágios, dor e prazer, liberdade e opressão se misturavam no meu peito, enquanto eu olhava o pôr do sol pela janela do meu quarto.

DIAS DE REFRESCO

O outono é a melhor estação do ano em São Paulo. Não tem o frio do inverno, nem o calor abafado e as chuvas torrenciais do verão. A primavera não se destaca, mas o outono é lindo. Quem não conhece a cidade não faz ideia, mas São Paulo é muito florida, especialmente nessa época do ano. A nossa casa também se enche de flor quando as tempestades arrefecem.

Mas o que mais me impressiona no outono é o azul do céu. Há dias em que não se vê uma única nuvem, a não ser aquela faixa cinza de poluição no horizonte, marca registrada da cidade. Acontece que, no primeiro mês da quarentena, São Paulo se despoluiu como em um passe de mágica. Ficou tudo limpo. Até o ar que eu respirava parecia mais fresco.

Foi nessa época que vivi os piores efeitos colaterais do tratamento. Meu organismo já estava há um mês sendo bombardeado diariamente por quatro quimioterápicos diferentes. Fiquei tão mal que os médicos resolveram suspender toda a medicação três dias antes do prazo. A sensação de alívio foi indescritível.

Um dia depois de encerrado o bombardeio, aproveitei o céu azul para deitar em uma das espreguiçadeiras da varanda e tomar um banho de sol. Não sei se foi coincidência, mas fechei os olhos e senti um gosto de mar. Cheguei a pensar que alguém estivesse fritando peixe na vizinhança. Junto com esse sabor de maresia, sentia o vento outonal envolver todo o meu corpo. Apertei ainda mais os olhos. Imagens de praia corriam pelo meu cérebro. Me via totalmente relaxado, sentindo o calor e a proximidade do mar.

Lembrei dos verões da minha infância, quando comíamos camarões assados na praia do Guarujá. Em seguida, me recordei de quando meu tio Alberto nos levou para Cabo Frio. Depois de uma longa viagem, ele parou o carro ao lado de uma barraca em que um rapaz nos serviu lulas e camarões inesquecíveis. Enquanto me deixava levar pelas lembranças, me sentia livre. Estava confinado em casa por causa do coronavírus, preso em um corpo já debilitado pelo câncer, mas sentia uma sensação de liberdade extrema.

Quando saí do transe, liguei para o Amadeus, um dos melhores restaurantes de frutos do mar da cidade, e pedi os camarões gigantes que a Anna tanto gosta. Para mim, escolhi um prato bem típico de São Paulo, que pouca gente no resto do país conhece e aprecia, mas que eu adorava. O cuscuz paulista é um bolo salgado, recheado com palmito, tomate, ervilha, ovo e camarões. Parece uma farofa molhada. Acho que era comida dos bandeirantes, que depois foi ganhando ingredientes mais sofisticados. O prato é muito difícil de ser feito. Um bom cuscuz tem que ser consistente por fora e molinho por dentro. Também precisa manter a umidade. As fatias que ficam expostas em prateleira de boteco não servem, pois ressecam.

Quando eu era criança, meu pai costumava nos levar ao Amadeus para comer essa iguaria. Já estava doente quando descobri que o restaurante ainda existia. Só havia mudado de endereço. Passei a ir lá com alguma frequência. Naquele dia de outono, aproveitei que a suspensão dos remédios havia me devolvido o apetite e encomendei os camarões gigantes e o cuscuz paulista no restaurante da minha infância.

A conta saiu cara. Na hora de pagá-la, lembrei mais uma vez que a melhor vingança é viver bem. A frase do Talmude me acalmou. Eu já havia economizado durante toda a vida, aquela era a hora de aproveitar. Pedido confirmado, só tive dificuldade para entender os milhares de recomendações da atendente sobre como abrir a embalagem sem risco de contaminação pelo coronavírus. Nessa hora, tive que chamar a Anna, que sempre se relacionou melhor do que eu com manuais de instrução.

Quando a encomenda chegou, comi com fome pela primeira vez em nove meses. O cuscuz tinha o tamanho de uma forma redonda de bolo e eu devorei mais da metade. Comia e pensava que não podia vomitar um prato delicioso e caro como aquele. E não vomitei. Finalmente, tive esse dia de refresco, em que voltei a me alimentar como uma pessoa normal.

Nesses dias de trégua, assisti aos dois pores do sol mais lindos da minha vida. O céu se converteu em pinceladas de um laranja quase fluorescente. Os físicos tentaram explicar o fenômeno, mas eu os ignorei solenemente. A ciência já me ajudava a lidar com a feiura da minha doença. Não quis que as explicações científicas estragassem a alegria despretensiosa de apreciar aquele rastro de beleza e esperança. Deitado na minha cama, observava o alaranjado do céu se misturar com o preto da noite e tentava manter as expectativas positivas para a próxima etapa do tratamento.

DIAS DE AVÔ

Meu filho Marcos ainda era bem pequeno quando a professora pediu que desenhasse a nossa família. No desenho, ele estava de frente, de mãos dadas com a mãe e o irmão Gabriel, e eu estava de costas, trabalhando no computador. Fiquei muito perturbado com aquela imagem. O jeito como Marcos me via era bem sintomático da dificuldade gigantesca que eu tinha de lidar com a paternidade e a vida familiar.

Convivia com os dois meninos, levava para passear, para brincar no parquinho, mas não me sentia presente. Estava sempre afobado, maquinando alguma coisa. Não me considerava um pai acolhedor. A situação era ridícula, porque eu falava sobre educação, escrevia sobre educação e não sabia educar meus próprios filhos. Não me comportava como um educador em casa.

As pessoas falavam: "Olha, você tem que prestar atenção, porque eles crescem muito rápido." De fato, cresceram rápido e eu perdi muitos dos encantos de vê-los começar a andar, a falar, a descobrir o mundo. Um absurdo! O meu sentimento de culpa era enorme, ainda que sempre encontrasse uma justificativa para o meu comportamento: eu precisava construir um patrimônio, as reportagens que produzia ajudavam o Brasil. Minhas desculpas tinham fundamento, mas o meu problema mesmo era a tal obsessão pelo trabalho, misturada com ansiedade e déficit de atenção.

Precisei me tratar com uma psiquiatra, que escarafunchou todos os meus traumas de infância. Meu pai era filho de imigrantes judeus que deixaram a Europa Oriental para fugir da pobreza e da perseguição. Quando ainda era muito pequeno, a mãe se suicidou logo após a morte do marido. Creio que foi a orfandade precoce que o tornou um pai violento. Lembro dele sempre berrando. Era todo metódico, correto, organizado. Já eu sempre fui desligado, não ia bem na escola, não correspondia às expectativas. Havia nele uma dureza e uma irritabilidade que serviam de combustível para situações de assédio verbal e físico. Aquela agressividade toda potencializava a minha ansiedade. Eu me sentia desprotegido e desconfortável no ambiente familiar. Na minha adolescência, a nossa relação foi ficando cada vez mais tóxica. Saí de casa assim que pude.

Infelizmente, essa ruptura acabou me afastando de toda a família. Já adulto, tentava entender as motivações do meu pai e sentia certo arrependimento por ter me distanciado tanto dele. Um dia, a minha terapeuta disse algo que me consolou. Ela falou que, se eu não tivesse me afastado, corria o risco de incorporar o olhar crítico que ele tinha sobre mim e me descolar da minha própria identidade. A distância foi o jeito que encontrei para me salvar.

Projetei o meu sentimento de inadequação na família. Mais tarde, percebi que a minha dificuldade de me integrar se devia não aos meus familiares, mas ao desconforto que tinha em relação a mim mesmo. Sempre me senti à margem. Por isso, cheguei aos 63 anos cercado de pessoas que me desprezavam ou me admiravam, mas sem um círculo de amigos próximos.

De certa forma, acabei reproduzindo esse mesmo afastamento no relacionamento com os meus filhos. Sempre cumpri com meu papel de provedor, mas a ideia da paternidade não me foi ensinada. Tive que aprender a partir dos meus erros. Quando os meninos entraram na adolescência, já havíamos conseguido construir laços bem mais profundos. Nesse período, Gabriel passou por muitas dificuldades, e eu sempre estive ao lado dele, acompanhando seu processo de superação até que pudesse caminhar sozinho.

Assim que Marcos e Gabriel se tornaram adultos, comecei a pensar na possibilidade de fazermos algo em conjunto para estreitar ainda mais a nossa relação. Foi assim que nasceu a Catraca Livre, curiosamente, mais como um projeto familiar do que jornalístico. Eu ainda trabalhava na *Folha de S.Paulo* e na rádio CBN, mas já morava e curtia a Vila Madalena. Meus filhos também. Então, tivemos a ideia de divulgar as atividades culturais gratuitas do bairro. Financiei as primeiras ações com recursos próprios. Depois, o site foi crescendo, tornou-se um importante veículo de comunicação e uma empresa bem estruturada. Há alguns anos, transferi a liderança da Catraca Livre para Marcos.

A época da passagem de bastão coincide com o nascimento do meu primeiro neto, e eu não precisei fazer nenhum esforço para ser um avô de verdade. Zeca me abriu o caminho para o afeto que eu sentiria com mais força depois do câncer. Como avô, estava presente e atento desde o primeiro dia, quando vi os olhinhos dele pelo vidro da maternidade. A entrega foi total. Me deliciava com cada descoberta, cada passo, cada palavra, cada brincadeira. Zeca se encantava com tudo, e eu me encantava com o encantamento dele.

Meu neto sempre foi muito musical e preenchia a nossa casa com sons: batia panelas, tocava instrumentos de brinquedo, inventava canções. Eu não me cansava de observá-lo, de me divertir com seus sorrisos e comentários, de ver e rever os vídeos em que ele aparecia. Quase enlouqueci de alegria quando falou a palavra vovô pela primeira vez. Quando dormia na nossa cama, passava a noite girando até ficar atravessado entre mim e a Anna. Eu adorava acordar de madrugada e vê-lo deitado naquela posição. Sentia um amor incondicional, um contentamento que nunca tive.

Zeca fez 2 anos quando eu ainda estava internado, me recuperando da primeira cirurgia. Anna arrumou balões coloridos e encomendou um bolo na cafeteria do hospital. Cantamos os parabéns com ele sentado no meu colo. Assim que terminou a cantoria, o aniversariante enfiou o dedinho na calda de chocolate. Nada poderia ter me dado mais alegria do que aquela comemoração improvisada.

Quando eu já estava em processo de quimioterapia, o próprio Zeca me contou de um jeito meio cifrado que iria ganhar um irmão ou irmã. A gente estava andando na rua, e eu quase caí para trás com a surpresa. Alguns meses mais tarde, descobrimos que quem estava a caminho era a Flora. Mas, já naquela época, eu tinha certeza de que não a veria nascer. E essa era a única coisa que de fato lamentava. Eu queria tanto ver a Flora nascer, queria tanto ver o Zeca crescer.

Mais uma vez, um sonho interessante me ajudou a transmutar essa dor. Eu estava em posição fetal, aconchegado dentro da barriga da minha nora Daniella. Era como se já tivesse ido embora, retornando à minha forma original. Quando acordei, entendi que partiria deste mundo, mas sobreviveria em outras pessoas. Compreendi também que os meus netos só puderam existir porque existo dentro deles.

PARTE III

DIAS DE DESFECHO

Ainda na primeira etapa da doença, conversava com Zeca sobre as brincadeiras que faríamos quando a irmãzinha dele nascesse. Com muita naturalidade, ele me disse: "Vovô, você não vai brincar com a Flora, porque você vai para o céu." Eu e a Anna ficamos nos entreolhando surpresos. De onde ele tirou essa ideia? Seria uma premonição? Ou já estava com ciúmes da irmã? Ele tinha apenas 2 anos. Quem havia lhe dito que as pessoas que morrem vão para o céu? A verdade é que meu neto foi o primeiro a me dizer o que iria acontecer.

Meses mais tarde, no dia em que descobrimos que o terceiro tratamento não havia funcionado, Zeca passava a quarentena no chalé do Ponto de Luz. Ainda não tínhamos compartilhado a informação com ninguém. Seus pais comentavam algo sobre mim, quando meu neto profetizou mais uma vez: "O tempo passou o homem. Vovô vai virar luz." Em seguida, correu pela sala bradando: "Luz na bunda do vovô."

Enquanto o Zeca me transformava em vagalume lá na Serra da Mantiqueira, aqui em São Paulo eu e a Anna tentávamos processar a mais difícil de todas as notícias. Alguns dias antes, havia feito mais uma daquelas tomografias reveladoras. Na consulta que se seguiu, Dr. Paulo anunciou que os tumores não tinham diminuído e avançavam para o meu pulmão. Por essa razão, ao invés de continuar com o procedimento anterior, tentaríamos uma nova experiência. Com base em uma das mutações identificadas pelo exame realizado nos Estados Unidos, eu tomaria uma quimioterapia oral própria para câncer nos rins. Saí da clínica achando que ainda havia esperança e que continuaria sendo cobaia para novos experimentos médicos, o que me confortou um pouco.

Mas a Anna queria entender melhor o que se passava comigo. Quando recebeu a senha de acesso, estudou os resultados da tomografia e começou a me contar bem sutilmente que a minha situação possivelmente fosse mais grave do que Dr. Paulo havia conseguido nos revelar. Que, talvez, tivéssemos chegado ao limite do que a ciência poderia nos oferecer. Perguntou se eu consideraria a possibilidade de um tratamento alternativo. Rejeitei a proposta para me manter coerente com tudo em que sempre acreditei. Além do mais, não queria morrer decrépito. Preferia que minhas últimas imagens fossem de um cara engraçado, solidário e vivaz.

Ela então me informou que procuraria Dr. Paulo para fazer as perguntas que não abordara quando estávamos juntos no consultório. Na hora marcada para a ligação, fui assistir a um filme na TV da edícula, a casinha de hóspedes que fica no fundo do nosso jardim. Anna apareceu uma hora depois, sem demonstrar qualquer emoção. Eu quis saber como havia sido a conversa, mas ela disse que só me contaria o que eu quisesse saber e quando eu estivesse pronto. Decidi terminar de assistir ao filme. Ela ficou ao meu lado. No momento em que me senti preparado, a Anna me revelou com muita objetividade, de forma realmente exemplar, que o meu câncer de pâncreas cumpria seu papel com rapidez. Segundo Dr. Paulo, a quimioterapia para tumores renais que eu estava tomando não era placebo, mas não havia qualquer evidência de que pudesse funcionar.

O veredito foi dado. Eu já era um caso terminal. Como das outras vezes, não me desesperei, nem chorei. Pode parecer mentira, mas tive uma ótima noite de sono, por uma razão muito simples: acabou o suspense. É muito difícil viver sob a expectativa de mais uma tomografia, mais um tratamento. Estava tranquilo porque, desde o início, intuía que não haveria jeito. Eu me deixava embalar pelo que as pessoas falavam, mas não me iludia por muito tempo. Fiquei ainda mais calmo porque a Anna chorou muito, mas logo começou a se adaptar à nova situação.

Essas contradições são complicadas de explicar. No entanto, quando soube que havia um ponto final, ganhei uma sensação de bem-estar, contentamento, falta de compromisso. Na ausência de um futuro possível, me sentia totalmente entregue ao destino. Não havia mais nada que precisasse fazer.

Duas semanas depois, fomos à última consulta com Dr. Paulo. Ele ainda se dizia esperançoso e me perguntou se eu continuaria tomando a quimioterapia para câncer renal. A minha dúvida era kafkiana. Por um lado, queria me sentir livre, não ter mais obrigações. Por outro, ainda considerava a hipótese remota de dar certo e, principalmente, a questão do meu acordo com a ciência. Escolhi continuar o tratamento, porque queria morrer me oferecendo como experiência para a sociedade e para o melhor médico.

Como eu andava um pouco confuso, Dr. Paulo achou melhor solicitar mais uma tomografia para descartar a possibilidade de o câncer ter chegado ao cérebro, o que complicaria ainda mais a minha situação. E lá fui eu fazer mais um exame de urgência. Aquele seria o meu oitavo diagnóstico de imagem. Os sete primeiros trouxeram notícias ruins. Felizmente, não encontraram tumores na minha cabeça, e eu e a Anna decidimos comemorar o nosso 7x1 com um jantar especial. Há muito esse grito de vitória estava preso nas nossas gargantas. Celebramos como se tivéssemos vencido a Copa do Mundo.

Alguns dias depois, quando gravávamos mais um depoimento para este livro, um dos nossos principais rituais ao longo da doença, a Anna me questionou sobre o que eu faria se o remédio funcionasse. Em primeiro lugar, ajudaria a divulgar o experimento médico que realizamos e continuaria desenvolvendo trabalhos comunitários. Acompanharia o crescimento do Zeca e da Flora, cuidaria do meu corpo e resgataria as pequenas coisas que perdi, como comer com prazer, passear pela Vila Madalena, ir ao cinema. Também adoraria assistir às derrotas do Trump e do Bolsonaro.

Anna me perguntou ainda o que eu queria que acontecesse se o tratamento não desse certo. Sinceramente, gostaria que as pessoas retomassem as suas rotinas como se nada houvesse acontecido, sabendo que tive uma vida muito boa, que ajudei muita gente, fui reconhecido pelo meu trabalho, conheci algumas das principais cidades do planeta, viajei para Nova York umas vinte vezes, tive dois filhos maravilhosos e netos que devem seguir o mesmo caminho.

Depois de vivenciar tantas descobertas sobre a profundidade do câncer, a minha única preocupação era não sentir dor. Portanto, decidi procurar uma médica especializada em cuidados paliativos. Acabei encontrando um anjo de olhos transparentes e bonitos, que lidava com a morte como se fosse "um dia que vale a pena viver". Esse era, inclusive, o título de um dos livros de sua autoria.

Já na primeira consulta, a Dra. Ana Cláudia Arantes me deixou à vontade para fazer todas as perguntas que me inquietavam. Como sempre, a Anna estava ao meu lado, levantando as questões mais objetivas quando necessário. Naquele momento, a minha principal dúvida já não era mais se eu iria morrer, mas quando isso aconteceria e como poderia continuar vivendo bem até lá. A médica explicou que não conseguia prever a data da minha morte, mas que, diante do estágio avançado da doença, mediríamos o tempo por semanas. Gostei de pensar que passaríamos a discutir o dia de amanhã, sem especular sobre o futuro. Não estava ansioso, apenas curioso para saber como me comportaria nesta fase final.

Senti um grande alívio ao compreender que, a partir daquela etapa, todos os procedimentos médicos poderiam ser feitos no meu próprio quarto, lugar que mais amava neste mundo. Detestava a ideia de ir embora em um hospital. Também fui me acalmando quando a Dra. Ana Cláudia me assegurou que eu não sofreria, porque a medicina atual já dispõe de drogas para aliviar todas as dores que poderia sentir. Dentre as muitas coisas interessantes que a minha nova médica me contou, a que mais me surpreendeu foi o fato de que eu poderia ter alucinações. Ela relatou que, quando o câncer compromete o funcionamento do fígado, este deixa de filtrar as toxinas que circulam pelo organismo. Disse que eu poderia, inclusive, imaginar a presença de pessoas queridas que já morreram. Fiquei encantado com essa possibilidade.

Não sei se estava sugestionado, mas, naquele mesmo dia, comecei a ver brinquedinhos se locomovendo pelo quarto. A cabeça funcionava perfeitamente, enquanto eu acompanhava um barquinho amarelo e vermelho navegar à minha volta. Bolas perfeitamente redondas e coloridas surgiam de todos os lados. Também tinha visões com pessoas: um palhaço, um vulto vestindo roupa cáqui, um menino francês de boina. Eu me deixava ser criança e viajava para esse mundo relaxante do nada, onde não havia culpa, nem ansiedade.

Confesso que as escapadas da mente me ajudavam a suportar uma deterioração física cada vez mais evidente. O sinal mais forte da minha despedida estava na dificuldade de andar. Só conseguia levantar da cama sozinho com muito esforço. Prestava muita atenção quando caminhava, pois estava tão fraco que tinha medo de cair. Já me sentia entrando em um estado mais intenso de dependência e não conseguia me imaginar sendo carregado por enfermeiros.

Também passei a sentir uma secura absurda na boca e na garganta. Parecia que tinha engolido o sertão do Piauí. Fiquei rouco e com os lábios rachados. Cada vez tinha menos vontade de comer. Sentia ânsia só de ver a Anna entrar no quarto com a bandeja de comida. Escolhia diferentes alimentos a cada refeição, mas nada funcionava. Era quase um vício às avessas. Mantive a quimioterapia por um mês, mas não aguentei a britadeira.

Quando o assistente de Dr. Paulo veio me atender em uma consulta domiciliar, cheguei à conclusão de que não havia motivos para seguir adiante. Dr. Guilherme ainda perguntou se eu não gostaria de fazer uma nova tomografia para avaliar se o remédio surtira efeito. Ainda tive forças para brincar com ele: "Não vai adiantar. Toda vez que faço uma 'tomo', sou eu que tomo no cu." Na verdade, não precisava de um exame para saber como me sentia. A evolução da minha doença já era perceptível a olho nu.

DIAS DE DESPEDIDA

Como dar a notícia à minha família? A pergunta me atormentava. Ao longo de toda a doença, sempre amenizava as informações sobre o meu estado de saúde para não afligir as pessoas. Mais uma vez, queria adiar essa conversa difícil para protegê-las do sofrimento. Me preocupava com minha mãe, mas, como ela é muito religiosa, acreditava que poderia encontrar conforto ao pensar na minha morte como um desígnio de Deus. Sentia ainda um receio terrível de contar para o Gabriel. Meu filho mais novo é muito sensível e tinha uma ligação muito forte comigo.

Perguntei à Dra. Ana Cláudia o que fazer. Ela me disse para confiar que os meus familiares descobririam um jeito de superar a dor. Falou da importância de terem tempo para se despedir. Segundo ela, se postergamos a notícia, muita coisa que precisa ser dita acaba não sendo compartilhada e muitos abraços deixam de existir. Minha médica também me fez entender que eu continuaria sendo o pai do Gabriel mesmo após a minha morte, mas que não poderia continuar a ser seu provedor emocional. Ele teria que encontrar suas próprias forças para se libertar e seguir o seu caminho. Essas palavras me deram um alívio enorme e me encorajaram a anunciar que estava indo embora.

A partir daí, a nossa rotina de confinamento mudou drasticamente. Decidimos afrouxar o nosso isolamento social para que a família pudesse estar por perto na fase da despedida. Minha mãe, meus irmãos e sobrinhos passavam muitas tardes conosco. Nas sextas-feiras, acendíamos juntos as velas do Shabat, dia do descanso para o judaísmo. Marcos e Zeca vinham quase diariamente, muitas vezes acompanhados pela Âmbar, minha ex-mulher. Eu deitava na minha cama ou no sofá da sala, e eles se sentavam à minha volta, recordando casos de família, olhando fotografias antigas, jogando conversa fora. A convivência era intensa e deliciosa, principalmente porque eu conseguia valorizar o afeto familiar com muito mais profundidade.

Tudo ficou ainda mais perfeito quando o Gabriel anunciou que viria morar na nossa casa com a mulher dele, Adriana, que também trabalha com projetos sociais. Senti uma felicidade incalculável. Nunca imaginei que ele quisesse estar tão perto em uma situação complexa como aquela. A chegada dele encheu os meus dias de luz.

Gabriel ficava horas ao meu lado, e essa proximidade contribuiu para que ele conseguisse desmistificar a nossa relação, aprendendo a lidar com os limites da minha humanidade. Às vezes, eu fazia um comentário muito sutil sobre a vida e a morte para ajudá-lo a absorver a ideia de que não estaria mais por perto. Marcos participava de muitas dessas conversas. Sentia o amor dos meus filhos e percebia que, apesar de todas as minhas contradições, havia construído uma família.

Esse tempo de convívio muito próximo nos ajudou a enfrentar a realidade de forma menos sofrida. O momento era só de espera, mas ainda tive ânimo para aproveitar a vida que me restava. À noite, depois das visitas, me esforçava para descer as escadas e me juntar a Anna, Gabriel e Adriana em volta da lareira. Assistíamos a vídeos sobre mim e a minha trajetória, como se fizéssemos uma retrospectiva. Conversávamos sobre diferentes assuntos. Pedíamos comida nos restaurantes que eu mais gostava para tentar driblar a minha inapetência.

Uma dessas programações noturnas aconteceu na data em que estaríamos assistindo ao cantor Bobby McFerrin se apresentar ao vivo no Jazz at Lincoln Center. Anna comprou os ingressos para o show um mês depois que descobri o câncer. O presente tinha muitos significados. Em primeiro lugar, Nova York foi o lugar em que a nossa cumplicidade começou. Em segundo, eu adorava o Bobby McFerrin, que tem um repertório muito mais vasto do que o hit "Don't Worry, Be Happy". Por fim, nós sonhávamos em fazer aquela viagem para comemorar o fim do meu tratamento.

Não fui ao concerto, mas ouvimos toda a *playlist* do McFerrin enquanto eu devorava dois temakis e uma dúzia de sushis, depois de dez meses sem poder comer peixe cru por causa da baixa imunidade provocada pela quimioterapia. Quis o destino que o Bobby McFerrin também não fosse a seu próprio show. Naquela época, Nova York havia se tornado o epicentro mundial da Covid-19 e todos os eventos presenciais foram suspensos. Eu lia o noticiário e me impressionava com a quantidade de artistas incríveis que morriam por conta do vírus, entre eles o Ellis Marsalis, pianista e pai do Wynton Marsalis, aquele que tocou na *jam session* da Vila Madalena. Ellis era um educador musical extraordinário e formou grandes nomes do jazz norte-americano, entre os quais seus quatro filhos.

Sempre pensava que, se me restasse pouco tempo de vida, daria um jeito de voltar a Nova York, onde cometeria algumas delinquências. Não como carne de porco há décadas, mas devoraria o famoso cachorro-quente do Gray's Papaya, um verdadeiro ícone da cidade, frequentado por todo tipo de gente, de morador de rua a milionário. Via as pessoas se matando para comer aquele pão com salsicha e morria de vontade de experimentar. Também aproveitaria para tomar uma dose de Jack Daniel's.

Quando me aninhava nos braços da Anna para o cochilo da tarde, era acometido por outros desejos simples, que também se tornaram extraordinários, porque impossíveis. Tinha vontade de retornar à praia de Itacimirim, na Bahia e, no final do dia, entrar devagarzinho no mar até ser engolido. Queria me enfiar na cachoeira do Hotel Ponto de Luz. Ansiava por sentir os cheiros da Amazônia que me acompanhavam quando ia com o meu avô à sinagoga de Belém, no Pará. Todos esses desejos me remetiam à sensação de entrega ao prazer físico, já bastante distante do meu cotidiano.

Outra atividade que inaugurei nesse processo de despedida foi pedir desculpas a pessoas com as quais achava que não havia sido correto. Cada retratação me fazia sentir como se estivesse me curando de uma prisão de ventre. Havia escrito um artigo canalha sobre o apresentador e ator Marcelo Tas, do qual me arrependia profundamente. Quando comecei a pensar sobre o que ainda precisava fazer nesta vida, mandei uma mensagem para ele e publiquei um artigo pedindo desculpas publicamente. Foi uma delícia me livrar daquela culpa.

Também liguei para a Âmbar, que, além de mãe dos meus filhos, é uma pessoa muito humana e gregária, dedicada aos amigos e ao prazer de viver. Pedi desculpas por não ter sido um bom marido, e ela me confessou que lamentava não ter me dado uns tapas. Para não perder o bom humor, comentei: "Olha, perdeu a chance, porque, agora que estou velho e doente, vai pegar mal para burro se você me bater." Rimos juntos. A essa altura, já havíamos superado a fase do ressentimento, o que foi um enorme ganho para toda a família.

Dei o último telefonema de retratação para o educador Cesare La Rocca, fundador do Projeto Axé, organização não governamental que promove o desenvolvimento de jovens em Salvador, na Bahia. Cesare foi uma figura importantíssima para o meu trabalho como ativista social, pois me ensinou muito sobre meninas e meninos excluídos, vítimas da miséria. A metodologia de inclusão pela arte que ele criou unia a excelência pedagógica com a alma baiana e tinha resultados incríveis. Com o tempo, me engajei em outras iniciativas e acabei me afastando dele. Por isso quis me desculpar.

Aproveitei essa vontade de passar a vida a limpo para revisitar outros arrependimentos. Como a comunidade judaica reverencia muito os grandes estudiosos, tinha um certo complexo por não haver me dedicado mais à academia, não ter feito uma pós-graduação. Eu bem que tentei, mas não conseguia me concentrar. Fui acadêmico visitante em algumas das melhores universidades dos Estados Unidos, onde assisti a pouquíssimas aulas. Passava a maior parte do tempo conhecendo pessoas, articulando parcerias, maquinando projetos. Eu aprendia de um outro jeito. Mais recentemente, entendi que não teria feito tantas coisas importantes como jornalista e ativista social se tivesse me dedicado aos livros. Além do mais, nenhum diploma superaria a minha satisfação de ter ajudado a colocar o Programa Bolsa Escola no mundo, de ter denunciado o assassinato de meninos e a exploração sexual de meninas.

Também lamentava a relação conturbada que tive com as mulheres, mas acho que essa culpa me impulsionou a realizar ainda mais ações solidárias. Queria ter sido mais íntegro, mais puro. Porém, tinha de admitir que as minhas sombras haviam me obrigado a ser mais humano.

A reconciliação com os meus remorsos me apaziguou e meus dias transcorriam cheios de contentamento no nível dos afetos. O único problema era o meu estado físico cada vez mais debilitado. A espera começava a me angustiar. Sofria ao pensar que aqueles dias de felicidade iriam acabar, assim como tinha pavor de me imaginar preso a uma cama. Não queria morrer daquela maneira.

Comecei a ter insônia e pesadelos. Em um deles, a Anna, com muita naturalidade, rolava trezentos corpos humanos congelados morro abaixo e os entregava a mim, que tinha a responsabilidade de transportá-los para a Alemanha. Eu estava vestido de escoteiro e, além de não saber o que fazer, tinha medo de ser confundido com um nazista. A Dra. Ana Cláudia me ajudou a interpretar aquelas imagens que me pareciam tão confusas. Para ela, eu era todos os personagens do sonho. Na Anna, eu projetava a serenidade com que vivenciei a doença. Os trezentos corpos representavam as várias mortes que já tinha vivido ao longo do processo. Mais tarde, descobrimos que haviam se passado exatos trezentos dias desde o meu primeiro diagnóstico. Como fui escoteiro quando criança, a Dra. Ana Cláudia achava que essa associação revelava o meu sentimento de despreparo diante de uma situação que nunca havia experimentado antes. Por fim, desconfiei que a referência ao nazismo denotasse o sentimento de opressão que sempre pautou a minha vida.

Uma semana mais tarde, tive uma alucinação que me fez perder o controle. Mais uma vez, encasquetei com a ideia de que precisava pegar um voo para a Alemanha, onde seria enterrado. Eu chamava a Anna e perguntava se já estava na hora de irmos para o aeroporto. Ela tentava me tranquilizar, mas eu estava muito desorientado. Não sabia que horas eram, para onde deveria ir, como me arranjaria em Berlim, como organizaria o meu enterro. Minha tensão aumentava ao pensar que o meu último dia seria uma bagunça. Havia uma imensa carga de dor ali: a Alemanha nazista, o aeroporto que sempre me deixava nervoso, a falta de orientação, a Anna longe. Eu achava que ia morrer sozinho na cidade símbolo do Holocausto. Era o sofrimento absoluto misturado com a solidão total. Depois, a Anna me contou que fiquei tão transtornado que ela teve que entrar comigo no chuveiro de roupa e tudo para que me acalmasse.

O banho me aquietou, mas voltei para a cama ainda muito confuso. A Anna e o Gabriel conversavam ao meu lado para tentar me animar quando comecei a chorar pela primeira vez. Desde o início da doença, nunca havia chorado. Foi também a primeira vez que eu disse que queria ir embora. Sempre fui muito contido, muito controlado, mas a descarga emocional foi tão pesada que desabei.

DIAS DE SE LEMBRAR DA INFÂNCIA

Quanto mais eu me aproximava do fim, mais me recordava da minha infância. Sentia muitas saudades das férias que passava no Pará. Quando ainda estava naquele lusco-fusco, entre o meio acordado e o meio dormindo, costumava ser visitado por uma lembrança recorrente: eu, ainda menino, sentado na segunda fila da sinagoga de Belém, com o livro de reza na mão e o meu avô Marcos orgulhoso ao meu lado.

Meus ancestrais vieram do Marrocos para a Amazônia no começo do século XIX. Seus descendentes nunca perderam a identidade judaica, mas se integraram completamente à cultura brasileira. A família era enorme, cheia de mulheres conversadeiras e de homens contadores de história. Meu avô Marcos se destacava entre as lideranças locais, sempre respeitado e reverenciado por indivíduos de todos os estratos sociais. Participou ativamente da construção daquela sinagoga que frequentávamos, projeto de um arquiteto florentino adaptado ao cenário amazônico, com vitrais coloridos que deixavam a luz entrar por todos os lados.

Os costumes ali eram sefarditas, próprios dos judeus de origem árabe. Quando o serviço religioso se encerrava, as mulheres jogavam balas do andar de cima, para satisfação das crianças, que pulavam de alegria. Em seguida, serviam um lanchinho com pimentões temperados à moda marroquina. Aquelas recordações que misturavam meu avô, a sinagoga e Belém tinham o poder de me acalmar como uma espécie de anestésico.

A fase final da doença também trouxe de volta muitos perfumes daquele tempo: os odores da madrugada, dos rios, das mangas caídas no chão, cheiros fortes da Amazônia, dos mercados repletos de frutas, peixes e especiarias. Era incrível andar pelas ruas de uma mesma cidade e experimentar tantas fragrâncias distintas. Quando a Anna saía do banho cheirando a lavanda, lembrava de quando eu caminhava até o trabalho do meu avô e passava em frente à fábrica da Phebo. Todo o entorno exalava aquele perfume. Acabei me afeiçoando ao sabonete negro produzido pela companhia, que me parecia ao mesmo tempo exótico e familiar.

Também comecei a me recordar dos sabores que marcaram aquela época. Um dia, lembrei do tucupi com jambu e minha boca se encheu de água. Felizmente, uma prima paraense que mora em São Paulo tinha uma porção congelada para me mandar de presente. Também senti vontade de comer sopa de bolas de matzá, prato muito apreciado pelos judeus da Europa, que minha mãe preparava para as comemorações da páscoa judaica.

Às vezes, lembrava ainda de quando mergulhava na piscina em dias quentes e sentia aquele frescor com cheiro de cloro. O câncer comprometia os meus sentidos, mas aguçava a minha memória e imaginação. Comecei a ter dificuldade para ouvir o que as pessoas falavam, mas escutava o meu coração bater alto, sem parar: tum-tum-tum.

DIAS DE PENSAR NA MORTE

Alguns dias após sonhar com a "médica" me revelando que eu tinha câncer, senti como se estivesse descolando do meu corpo. Não sei se alma existe, mas tive a impressão de que alguma coisa saía de dentro de mim. A experiência estava muito ligada à ideia da morte, mas fui tomado por um prazer extremo, que me remetia àqueles segundos em que você começa a dormir após tomar anestesia. Adorava sentir o efeito dos anestésicos. Pedia aos médicos para injetar a droga devagarzinho e ficava com os olhos abertos para aproveitar bem a onda até apagar. Eu me perguntava se morreria sentindo aquela mesma sensação de descolamento, aquele mesmo prazer.

No começo, achei que partiria muito rápido. O quadro mais marcante da nossa casa foi pintado pelo artista plástico Sergio Fabris e reproduz as casinhas da Vila Madalena. Eu amava aquela obra. Em cada lugar em que morei, havia uma parede especial para recebê-la. Acontece que a pintura tinha sofrido algumas avarias e estava remendada com esparadrapo e fita crepe, por isso a Anna resolveu mandá-la para o restauro. Ao saber que demoraria três meses para retornar, achei que nunca mais a veria. Felizmente, eu ainda estava aqui quando o quadro retornou. Passava horas admirando cada um dos seus detalhes, como se quisesse levá-lo comigo para a próxima morada, desta vez pendurado nas paredes da minha memória.

Claro que queria viver mais, porém a velhice nunca me interessou. Tinha exemplos na família de idosos muito ativos, mas achava que eram um ponto fora da curva. Como sempre fui muito desligado, o que só piorava com a idade, acreditava que terminaria meus dias sendo motivo de piada. Já sentia que a minha cabeça não funcionava do mesmo jeito para várias coisas e isso me perturbava.

Não conseguia me ver como um velhinho sentado em um banco de praça chupando picolé de limão. Queria que as pessoas guardassem a minha imagem de sujeito dinâmico, inquieto, criativo. Por isso, quando ia a uma consulta médica que acendia alguma esperança de cura, me perguntava: "Será que eu quero mesmo sair dessa?" A resposta era sempre dúbia, porque eu também tinha amor pela vida, pela minha família, pelos meus filhos e netos.

Creio que a minha decisão de entregar os pontos aconteceu quando a Dra. Ana Cláudia me perguntou em que dia nós estávamos e eu não soube dizer. Antes do câncer, já havia experimentado alguns lapsos e esquecimentos. No entanto, nada se comparava a não conseguir responder uma pergunta simples como: "Que dia é hoje?" A doença me deixava cada vez mais atrapalhado. Comecei a ter dificuldade para encontrar as palavras, algo comparável a uma mutilação para um comunicador como eu. Fui ficando mais apreensivo e pedi à Anna que me chamasse a atenção se começasse a cometer barbaridades.

Costumava dizer que a vida carrega consigo três mortes. A morte biológica acontece quando paramos de enviar oxigênio para o cérebro. A morte da vida útil se manifesta a partir do momento em que já não conseguimos mais nos virar sozinhos ou lembrar das coisas importantes. Mas, para mim, a pior das três mortes era a da vida influente, aquela que nos alcança quando o que falamos ou fazemos não faz mais diferença, quando as nossas palavras e atos não conseguem mudar a realidade à nossa volta. Como a minha conexão com a vida estava ancorada em poder transformar o mundo, e como são poucas as pessoas de idade que conseguem manter essa capacidade, desconfiava que o meu inconsciente havia decidido viver as três mortes ao mesmo tempo. No fundo, me agradava a ideia de morrer como um jornalista ainda influente.

Assim que soube que estava partindo, liguei para o rabino Nilton Bonder, com quem gostava muito de conversar. Ele me contou uma história muito bonita. Quando estamos morrendo, os amigos ficam ao nosso lado por um tempo, mas depois precisam retomar os seus afazeres. A família segue conosco até o nosso último momento. Depois disso, a única coisa que nos acompanha é o nosso nome, a marca de tudo que fizemos ao longo da nossa existência. Senti orgulho do nome que levaria comigo após o meu último sopro. Olhava para trás e, apesar das burradas, via muitos rastros de solidariedade no meu caminho. Pensava que a preocupação com o outro que me acompanhou durante toda a minha vida também haveria de me acompanhar depois dela.

No livro *Swimming in a Sea of Death: a Son's Memoir*, o filho da escritora Susan Sontag descreve o tormento da mãe enquanto morria de câncer aos 71 anos. Fiquei muito impressionado ao saber que ela, literalmente, arrancava os cabelos. Sua vinculação com a vida era tão intensa que enlouqueceu diante da ideia de perdê-la. Reza a lenda que, quando estava prestes a ser guilhotinada, Maria Antonieta pediu ao carrasco "mais um minutinho". Para quem tem apego a esta dimensão, mais alguns segundos, mesmo que com a cabeça na guilhotina, podem valer uma eternidade.

Volto a afirmar que a morte não me desesperou. Não arranquei os cabelos, até porque a quimioterapia já os tinha levado. O câncer me fez reaprender a ver e viver a vida a partir da perspectiva da morte. Por isso não tive medo. Passei meus últimos dias me preparando simultaneamente para aproveitar o máximo da vida e para ser capaz de deixá-la. Vivenciei momentos de amor, paixão e encantamento que nunca teria experimentado. E, quando via o pôr do sol, era o pôr do sol mais lindo do mundo. Quando sentia o vento no rosto, era o vento no rosto mais gostoso do mundo.

DE: ANNA
PARA: GILBERTO

Gil,

Você partiu no dia 29 de maio de 2020. Estava sedado desde a noite anterior. Os medicamentos que entravam gota a gota na sua corrente sanguínea inibiam todos os seus movimentos. Dormi ao lado do seu corpo inerte, guardando alguma cerimônia diante da presença incômoda da enfermeira que velava o nosso sono. Na madrugada, o meu corpo sentiu saudades e atravessou toda a extensão do nosso colchão sueco para se colar ao seu. Sua respiração se agitou e seus braços começaram a se debater, como se quisessem me envolver em um abraço que se desfazia no meio do caminho. A enfermeira aumentou a dose de morfina, mas você só se acalmou quando voltei para a outra extremidade da cama, sem nunca sair do seu lado.

De manhã cedo, quando ficamos a sós, aproveitei o momento de intimidade para lhe fazer as minhas últimas confidências. Com voz de segredo, disse que você podia ir em paz. Nós ficaríamos bem e cuidaríamos uns dos outros. O nosso amor era para muitas vidas e ainda haveríamos de nos encontrar muitas vezes. Falei de outras coisas mansas, que já não precisavam aplacar suas dores físicas, suprimidas pelos sedativos, mas que poderiam suavizar as suas dores existenciais.

As palavras de amor e despedida que soprava no seu ouvido vinham diretamente daquele lugar no meu coração que você já ocupava antes mesmo de nos conhecermos. Eu desembrulhava os meus sentimentos, e você reagia a eles com pequenas variações no ritmo da sua respiração. Às vezes, expelia o ar de forma mais branda, em outras deixava arranhar a garganta, como se risse das graças que eu fazia.

Em um determinado momento, achei que já estava na hora e pedi para você se imaginar entrando naquele barquinho vermelho e amarelo que navegava nas suas alucinações. Já recorrera a essa imagem em uma das nossas noites insones, quando tentava fazê-lo relaxar para que conseguisse voltar a dormir. Como havia gostado da brincadeira, sugeri mais uma vez que embarcasse naquele pequeno veleiro colorido e deslizasse pelas águas tranquilas do rio que margeia a Ilha do Mosqueiro, abrigo das suas memórias de infância. Mencionei a existência de um outro barquinho no horizonte, que trazia seu avô Marcos com o peito cheio de orgulho para ajudá-lo a fazer a travessia. Uma lágrima escorreu dos seus olhos cerrados e sua respiração ficou mais grave e arrastada. Da praia, eu lhe acenava mais alguns beijos e promessas: ficaríamos todos juntos, honraríamos o seu nome, criaríamos os seus netos. Você já havia nos dado muito. Era tempo de se desobrigar e se deixar levar pelo balanço daquelas águas serenas e pelas mãos firmes e acolhedoras do seu avô.

Sua respiração foi ficando mais irregular e espaçada. Enfim, o silêncio. Caí em um choro convulso e você voltou a respirar. Agarrada à sua mão, também respirei fundo e lhe assegurei que a tristeza seria inevitável, mas eu encontraria um bom lugar para ela. Como sempre, você confiou em mim e se foi com uma expressão de profundo contentamento, este substantivo adjetivado que utilizou tantas vezes para descrever como se sentia nos últimos melhores dias de sua vida.

Não demorou muito para que estivéssemos todos reunidos à sua volta. Gabriel e Marcos aninhados na cama conosco, Joana ao telefone

DE: ANNA. PARA: GILBERTO

lá de Lisboa, de onde não pôde vir por causa da pandemia. Ouvimos juntos a sua música tema, "Clube da Esquina 2". "Porque se chamava homem, também se chamavam sonhos, e sonhos não envelhecem."

Sua pergunta de alguns dias antes ainda ressoava dentro de mim: "Se você soubesse que iríamos passar por tudo isso, ainda assim teria escolhido ficar comigo?" Unir minha vida à sua não foi escolha, mas destino. Eu bem que tentei escapar. Para minha sorte, nunca consegui.

Como você repetiu muitas vezes em suas palestras, citando o Evangelho Segundo São João, "no princípio era o Verbo". Você me seduziu pela palavra. Quando me formei em jornalismo, sofria *bullying* na redação, onde os colegas me chamavam de "menina que toma conta da creche" por só querer dar boas notícias. Sabia que a minha caminhada profissional se entrelaçaria com as organizações e projetos sociais, mas me sentia uma extraterrestre por não encontrar modelo, nem nome para dar ao que desejava fazer na vida.

Em um final de semana qualquer, cheguei em casa tarde da noite e fui comer um sanduíche na frente da TV. Naquele tempo, apenas três canais transmitiam na madrugada. Como dois deles exibiam filmes de terror, tive que me contentar em assistir a um programa de entrevistas com celebridades. Justo naquele dia, a celebridade era você. Nunca vou esquecer da sua voz entrando pelos meus ouvidos e gerando um verdadeiro curto-circuito nas minhas ideias.

A entrevista era sobre o seu recém-lançado livro *Meninas da noite*, fruto da reportagem investigativa que realizou para denunciar a realidade de garotas muito novas, vendidas por famílias miseráveis do Nordeste para serem exploradas sexualmente nos garimpos da região Norte do país. Assim como fez no galinheiro de sua avó quando criança, sua intenção era libertar não apenas uma, mas todas aquelas almas cativas.

Também eu, sentada na frente da TV, no quarto de um pequeno apartamento na cidade de Salvador, sentia que algo dentro de mim se libertava. Naquele exato momento, o meu desejo ainda difuso de usar a comunicação para promover transformações na sociedade ganhou concretude. "O verbo se fez carne."

Você se tornou a minha principal referência profissional. Passei a ler tudo que escrevia — as reportagens, as colunas na página 2 da *Folha de S.Paulo*, os livros. Um ano depois, quando ainda trabalhava como repórter, deparei-me com um convite para a coletiva de imprensa em que você lançaria *O cidadão de papel*, publicação que fez a cabeça de jovens da minha geração e das muitas que se seguiram.

O convite foi prontamente rechaçado pelos meus editores, já que Gilberto Dimenstein era um dos principais desafetos de Antônio Carlos Magalhães, dono do jornal. Você ainda estava no auge da sua carreira como jornalista político em Brasília, e o senador baiano era alvo de muitas das suas denúncias.

Mesmo sem o aval da chefia e sabendo que não poderia publicar nem uma nota sequer sobre o seu livro, fui à coletiva só para ouvi-lo. A sala estava lotada de repórteres que cobriam política. Eu tinha apenas 23 anos, carregava a pecha de jornalista cor-de-rosa e era assombrada por uma autoexigência de perfeccionista e uma autoestima bem oscilante. Sentei na última fila para não ser notada, mas você pediu que todo mundo se apresentasse e fez piada quando fui obrigada a revelar que trabalhava no jornal de ACM. "Trouxe uma bomba?", perguntou. Eu quase explodi de vergonha, mas o constrangimento não comprometeu o meu prazer de ouvi-lo falar sobre cidadania e justiça social em tempos de transição democrática. *O cidadão de papel* se tornou meu livro de cabeceira.

A nossa primeira conversa só aconteceu três anos depois, quando eu já tinha abandonado as redações para me dedicar integralmente à área social. A fundação em que atuava financiou a ida da equipe para o primeiro grande congresso sobre terceiro setor no Brasil. Você já morava em Nova York e veio ao Rio de Janeiro para dar duas palestras no evento. Comentei com as amigas do trabalho que, finalmente, teria a chance de conhecê-lo pessoalmente.

DE: ANNA. PARA: GILBERTO

Tentei me aproximar ao final das suas apresentações, mas não consegui. Você estava sempre cercado por uma multidão de admiradores. A minha decepção era grande, mas confesso que nunca tive jeito para esse tipo de abordagem, ao contrário de você, que não se intimidava diante de quem quer que fosse.

Precisei sair mais cedo do congresso. Levava o coração apertado por não termos conseguido nos falar, como se algo na minha vida dependesse disso. Quis o destino, mais uma vez, que nos cruzássemos por acaso em um corredor completamente deserto. Você flanava, já que nunca teve paciência para assistir a palestras. Eu partia para Salvador, pois tinha que render a babá da minha filha ainda pequena.

Você parou na minha frente e me cumprimentou como se já nos conhecêssemos. Eu tive a sensação de que estávamos nos reencontrando após um longo período de saudades. Conversamos intensamente durante o pouco tempo que ainda me restava antes de voar para o aeroporto. Você me escrutinou. Queria saber quem eu era, o que fazia, o que poderíamos fazer juntos. Tentou me demover de pegar o avião, mas logo entendeu que o meu amor por minha filha não era negociável. Sugeriu que lhe escrevesse um e-mail.

Começamos a desenrolar o novelo da nossa história através de mensagens eletrônicas, que rapidamente se desdobraram na produção de um seminário sobre comunicação e educação, a primeira das muitas iniciativas que realizaríamos juntos. Ao final do evento, descobrimos que nós dois estaríamos mais uma vez no Rio de Janeiro no dia do seu aniversário. Combinamos de jantar. Seria a primeira vez que nos encontraríamos a sós. Cheguei ao restaurante com um CD de presente, no qual Marisa Monte cantava que "o meu coração é um músculo involuntário e ele pulsa por você". Já você chegou ao restaurante cheio de segundas intenções. Meu corpo vibrava com a proximidade do seu, antecipando as muitas noites em que dormiríamos entrelaçados. Subitamente, uma taça de cristal se estilhaçou em inúmeros fragmentos. Você me contou que os judeus quebram copos nas cerimônias de casamento e que aquela taça estilhaçada celebrava a profundidade do nosso encontro. Anunciou que nos casaríamos, intuindo o que levaria ainda muito tempo para acontecer.

Enquanto você via mais longe, eu via mais fundo. Contemplava a taturana à minha frente e vislumbrava a sombra da borboleta nas pequenas partículas de intimidade que você me revelava. Naquele que foi o primeiro melhor dia de nossas vidas, começamos a nos reconhecer. Mas foi só quando nos encontramos em Nova York que pude compreender o tamanho da sua dificuldade emocional. Na seara dos relacionamentos afetivos, você era de fato um ogro: brusco, apressado, desatento, desastrado. Olhava para o seu emaranhado de dores e me lembrava dos meus cabelos de menina, cheios de nós que me custavam muitas lágrimas para desembaraçar. Tentava descobrir o que poderia afrouxar os nós da sua alma. Como você tinha o hábito de andar por horas infindas, resolvi massagear os seus pés. Você se derreteu em minhas mãos e me abriu uma arca de sentimentos represados.

Na noite seguinte, quando flanávamos de braços dados por uma Manhattan inacreditavelmente fria, o acaso nos levou a um restaurante etíope tradicional. "Serendipity", você me ensinou. A garçonete abriu uma panqueca gigante à nossa frente e derramou sobre ela um ensopado de camarões cozidos em especiarias. Usamos as mãos para rasgar a massa e, com as lascas, apanhar os frutos do mar, que deixavam um cheiro exótico nas pontas dos nossos dedos. Em meio àquele festival de sensações, você anunciou que nunca me deixaria. Quis saber o motivo. Foi quando me segredou que eu o via e o aceitava por inteiro, algo que nem você mesmo fora capaz de fazer.

Precisamos percorrer um longo caminho até estarmos prontos para assumir a nossa relação. Quando o momento chegou, confesso que hesitei. Tinha receio de que as minhas fragilidades fossem potencializadas pelas suas. Caminhávamos pela Vila Madalena e você parava a cada

DE: ANNA. PARA: GILBERTO

esquina para tentar me convencer a ficarmos juntos. Eu continuava irredutível. Para ganhar tempo, você me convidou para encontrá-lo dali a alguns dias no Recife, onde daria uma palestra. Pensei em escapar mais uma vez, porém uma amiga que nos conhecia bem me fez ver que o meu coração já estava decidido.

Passei a noite sem dormir e comprei a passagem quando o sol já despontava. Algumas horas mais tarde, bati à porta do seu quarto de hotel e você me envolveu em um daqueles abraços de que sinto tanta falta. Mais tarde, levou-me para tomar sorvete no bairro do Recife Antigo, onde me mostrou as ruínas da primeira sinagoga construída no Brasil. Queria que eu conhecesse todas as suas facetas. Começou a me chamar de Minha Vida e o nosso relacionamento de *Projeto Eu Sei Que Vou Te Amar*, fazendo referência à música de Tom Jobim e Vinícius de Moraes e profetizando mais uma vez que me amaria até o fim dos seus dias. Que sorte a minha.

Apesar da sua insistência, demorei seis anos até me mudar para São Paulo. Eu ainda precisava me construir emocional e profissionalmente para não ser engolida por sua afobação e por seu prestígio. Você ainda precisava aprender muito sobre o mundo dos afetos. Quando achei que estávamos prontos, você reformou toda a casa para receber a mim e à minha filha nesta morada que seria o nosso refúgio nos piores e melhores dias de nossas vidas. Lembro de você me dizendo que adoraria ser enterrado naquele jardim.

Dois anos antes do diagnóstico que daria um novo rumo à nossa prosa, fomos a uma sessão de lançamento do filme *Como nossos pais*, e você perguntou à diretora Laís Bodanzky por que ela havia escolhido o câncer de pâncreas para provocar a morte de uma das personagens. Senti um frio na espinha, porque você sempre tinha algo em mente quando fazia esse tipo de pergunta. Questionei se havia alguma intenção ou premonição por trás da sua curiosidade, mas você não soube responder. Laís lhe informou o mesmo que o Google lhe diria um par de anos depois: a trama precisava de uma doença letal e rápida.

Desconfio que sua intuição já pressentia a proximidade da partida. Quando completou 60 anos, você entrou em uma espécie de turbilhão, como se tivesse muita pressa para resolver todos os problemas do mundo. Arriscou-se mais do que deveria. Tentei protegê-lo de si mesmo, primeiro pelo diálogo, depois recorrendo à sua psiquiatra. Descobrimos que, por distração, você tomava uma dose triplicada do seu remédio para ansiedade. Seus ânimos amansaram, mas não o senso de urgência. Você sabia que o tempo era matéria cada vez mais escassa.

O grande contraponto para sua aceleração desenfreada foi a chegada de Zeca. Seu neto, que sempre amei como se fosse nosso, revolucionou a sua existência, revelando uma doçura que nem você mesmo sabia possuir. Quando já estava doente, era a presença dele em nossa casa que mais aliviava as suas tensões. Tenho dezenas de vídeos e fotografias de vocês esparramados em nossa cama ou brincando no jardim. As imagens ajudarão Zeca a nunca esquecer do quanto foi amado por você. E eu me encarregarei de contar as histórias que farão com que ele e Flora tenham muito orgulho do avô.

Quando descobrimos o câncer, eu vivia um dos momentos mais intensos da minha vida profissional. Desfrutava de uma boa reputação e viajava o Brasil inteiro semeando ideias para transformar a educação. Você me chamava de marinheira e estava sempre à minha espera quando eu retornava. Eu preferia viajar de madrugada ou retornar tarde da noite para não ter que dormir sem você. Não tinha ciúmes. O que me movia era o prazer de estar ao seu lado. Não hesitei nem sequer um minuto antes de abrir mão do prestígio e dos compromissos de trabalho para acompanhá-lo nesta jornada. Tudo o mais poderia esperar.

Você deu o tom e eu segui os seus passos. Seu desejo era que nosso drama se desenrolasse sem lamentos, nem desespero, para que aproveitássemos cada dia como se fosse o melhor e o último de nossas vidas. Compreendi que o grande experimento científico a que você se submetia não era o médico, mas o antropológico. E o seu sonho premonitório

DE: ANNA. PARA: GILBERTO

nos deu tempo para viver intensamente todas as aventuras que aquela experiência humana pôde nos proporcionar. Eu também dei asas à minha borboleta. Não me desesperei, nem me revoltei. Nunca me queixei.

Eu me revirava por dentro ao me imaginar diante da sua ausência, mas esperava você dormir para encharcar o travesseiro. No dia seguinte, acordava genuinamente feliz por ainda tê-lo ao meu lado. Depois que você partiu, nunca mais tive insônia, mas me despedaço todas as manhãs quando me dou conta, mais uma vez, que terei que viver sem a sua presença.

Não tinha ideia de que o amava deste tamanho. Hoje, sei que aquele enorme bem-querer já me habitava, mas era regulado pelas minhas inseguranças, pelas exigências do cotidiano, pela impossibilidade de conciliá-lo com os outros desejos que também viviam em mim. A perspectiva da morte implodiu meu dosador e abriu as minhas comportas para que os sentimentos fluíssem sem contenção.

O amor era tanto que me sentia capaz de fazer qualquer coisa por você. Queria aliviar o seu fardo, carregar tudo que estivesse à sua volta para que você só precisasse se haver com o que vinha de dentro. Realizava um sem-número de funções, mas estava sempre abastecida de afeto. Por isso, podia me entregar por inteiro sem me sentir esgotada.

Você também cumpria a sua parte com devoção. Nunca reclamou, nem se sentiu diminuído por precisar tanto de mim. Tive medo de me apropriar da sua fragilidade, por isso me preocupava em incentivar a sua autonomia. Se me perguntava o que fazer, eu devolvia a pergunta. Desejava que se sentisse vivo, porque ainda potente. Sabia como era difícil lidar com o sentimento de impotência, pois era visitada por ele sempre que não conseguia abrandar a sua aflição.

Cabia a você tomar as decisões sobre o seu tratamento. Eu apenas oferecia sugestões. No seu último mês de vida, a sua crescente fragilidade física me fazia acreditar que já era hora de suspender a quimioterapia. Indaguei-lhe se valia a pena continuar com o medicamento. "Você quer que eu morra?" Sua resposta intempestiva revirou todas as dores que eu carregava comigo, mas entendi que você ainda precisava de tempo para se desapegar daquela última tentativa. Expliquei-lhe que não queria que você morresse, assim como também não aguentava mais vê-lo sofrer. Você me confessou que, se fosse eu a adoecer, estaria muito mais desnorteado.

Sinto muito orgulho da nossa parceria e de termos conseguido cuidar um do outro até o fim. Você nunca precisou ser carregado. Os meus braços foram suficientes para ampará-lo. No entanto, mais do que lhe dar suporte, eu queria lhe proporcionar prazer. Não agia por bondade ou filantropia. Fazê-lo feliz se tornou o meu *hobby*. Como eu o conhecia como ninguém, podia antecipar seus desejos: as músicas, os carinhos, as gravações para o livro, as conversas, os silêncios. Minhas mãos nunca percorreram tanto o seu corpo, testemunhando as mudanças e buscando amenizar as muitas dores que o combaliam. Só assim você relaxava e encontrava o sono da noite.

Os prazeres que buscamos juntos fizeram com que os seus últimos melhores dias transbordassem de afeto: a família reunida à sua volta, as noitadas em frente à lareira, nossos corpos entrelaçados na madrugada. Mas, a cada dia feliz, seguia-se um outro em que você acordava encharcado de tristeza, consciente de que seus melhores dias estavam de fato se findando. À noite, os pesadelos revelavam a sua insegurança diante daquela que seria a sua mais desafiadora caminhada rumo ao desconhecido. Não havia guias, placas ou pontos de referência que pudessem orientá-lo. Eu não iria junto com você.

A alucinação com a viagem para a Alemanha foi o começo do fim. Você perdeu o prumo e me deixou desorientada. Amor e instinto me ajudaram a lidar com a sua loucura. Contudo, fiquei completamente exaurida e você percebeu. Ainda em transe, seus olhos cruzaram com os meus e me disseram tudo o que a sua falta de razão era incapaz de verbalizar. Você sentia muito, não queria ser um estorvo para ninguém, muito menos para mim.

DE: ANNA. PARA: GILBERTO

Quando o torvelinho passou e as lágrimas vieram, você procurou a minha mão e me pediu para ir embora. Aprendi com a Dra. Ana Cláudia Arantes que empatia é sentir a dor do outro e, muitas vezes, adoecer junto com ele. Já compaixão é querer transformar a dor do outro, mesmo que para isso tenhamos que aprofundar a nossa própria dor. Eu não queria que você se fosse, sonhava com outros melhores dias ao seu lado, mas o que mais desejava era livrá-lo de todas aquelas provações. Ao vê-lo chorar, a minha reação imediata foi escancarar as portas desta vida e deixá-lo livre para partir.

Naquele mesmo dia, você começou a planejar o seu rito de passagem. Desceu para a nossa última noite à beira do fogo e, depois de pensar muito no que gostaria de comer, pediu uma empanada de frango do Bar do Seu Zé. Rimos muito da sua escolha. Como era de se esperar, a noite de euforia deu lugar a um dia seguinte cheio de melancolia. Nem a animação contagiante de Zeca foi capaz de fazê-lo sorrir.

No segundo dia após a alucinação, você retomou o ânimo para cuidar das despedidas. Primeiro, gravou o último depoimento para este livro. Quando as visitas chegaram, chorou de mãos dadas com sua mãe e seus irmãos. Desculpou-se por não ter sido mais afetuoso e lhes deu a chance de expressar o profundo amor que sentiam por você. No final do dia, pediu à Dra. Ana Cláudia para ser parcialmente sedado, pois já não comia, não dormia e estava cansado para toda a sua existência.

A medicação foi preparada para que acordasse normalmente na manhã seguinte, mas os seus planos eram outros. Você se perdeu nos labirintos da sua própria mente e não pôde ou não quis retornar. Seu corpo ficou extremamente pesado. Não conseguia se mover sozinho. Falava com muita dificuldade.

À tarde, atravessei com Marcos e Gabriel um dos nossos maiores dilemas. Tínhamos de decidir se tentaríamos trazer você de volta ou se o sedaríamos completa e definitivamente. Se a minha cabeça estivesse na guilhotina, talvez eu implorasse por mais um minutinho, mas nós três sabíamos que este não era o seu desejo. Revisitamos tudo que você havia manifestado com palavras e atos nas semanas anteriores e enchemos nossos corações de compaixão para suportar a dor de atender a seu pedido. Assim que tomamos a decisão, uma amiga bateu à nossa porta com uma enorme cesta de doces e salgados. Decidimos realizar uma última ceia em sua homenagem, para que o som das nossas conversas e sorrisos subisse as escadas até o nosso quarto e o envolvesse no maior de todos os abraços.

Quando o momento da sedação chegou, a Dra. Ana Cláudia nos acompanhou em uma espécie de ritual de despedida. O quarto estava na penumbra, mas parecia repleto de luz. Nós nos enroscamos à sua volta. Você estendeu a mão para cada filho e conseguiu dizer que os amava. Eles lhe fizeram as mais lindas declarações de amor e gratidão. Eu assistia a tudo aquilo sem acreditar que a morte pudesse provocar tamanha ternura e beleza.

Na manhã seguinte, apenas quatro dias depois de nos dizer que queria ir embora, você partiu no seu barquinho colorido. Mais tarde, descobrimos que o seu avô Marcos também havia morrido em um 29 de maio. Às vezes, me pergunto como você foi capaz de orquestrar tudo isso.

Seu corpo deixou a nossa casa ao som do "Adágio para cordas" de Samuel Barber. Como você morreu em uma data sagrada para o judaísmo, só pudemos enterrá-lo dois dias depois. Pode parecer um contrassenso, mas incluo essa espera entre os nossos últimos melhores dias. Estávamos todos muito comovidos com a maneira íntegra e amorosa com que você nos havia conduzido até aquele momento. A nossa tristeza era leve e permeada pelo tal contentamento que você nos deixou de herança. Chorávamos de dor e de alegria enquanto assistíamos aos vídeos em sua homenagem, víamos as suas fotos espalhadas pela casa, lembrávamos com orgulho do tamanho da sua obra, nos dávamos conta do tanto que você representava para cada um de nós. Como eu

DE: ANNA. PARA: GILBERTO

havia lhe prometido, ficamos todos juntos e cuidamos uns dos outros. Seus filhos me fizeram uma linda homenagem e me asseguraram que a família agora era tão sua quanto minha.

Para além da nossa bolha, a notícia da sua morte circulou com uma rapidez inacreditável, gerando muita comoção. Sabíamos que você havia tocado a vida de muita gente, mas não podíamos imaginar quão extensos eram os seus braços. Mesmo quem discordava de você reconhecia a importância da sua contribuição. Em tempos normais, seu sepultamento haveria de ser muito concorrido, mas ainda estávamos no pico da pandemia do coronavírus e todos os ritos tiveram que se adaptar à nova situação. Confesso que gostei de vê-lo partir com a calça jeans e a camiseta de malha cinza que eram a sua marca registrada. Também me senti mais aconchegada em uma cerimônia íntima, na qual pude gritar a dor que me rasgava por dentro sem precisar me preocupar com a plateia.

Uma cumplicidade absoluta nos amalgamou a vida, o corpo e a alma. Vou precisar de muito tempo e sabedoria para reaprender a viver sem a incondicionalidade do nosso amor. Tudo em mim tem alguma coisa de você, e a sua ausência me acompanha até mesmo nas situações em que a sua presença não me acompanhava.

Na primeira vez que aceitei fazer uma palestra após a sua partida, entrei na plataforma virtual em que a formação aconteceria e aguardei os participantes. Atendendo a pedidos, um deles começou a dedilhar uma música bonita no violão. Olhei para a sua foto e pensei que estava feliz de tê-lo ao meu lado, pois você nunca havia me visto palestrar para professores. Neste exato instante, o músico começou a tocar "Eu sei que vou te amar". Não tive dúvidas de que você estava comigo.

Sou grata a você por um milhão de motivos, mas me sinto especialmente agradecida por você ter me engravidado deste livro. Prometi que iria gestá-lo e trazê-lo ao mundo, missão que me fez ter propósito e vitalidade para seguir adiante. Também foi esta gestação que nos manteve enredados neste período em que ainda não me era possível conceber uma vida sem você.

Temia não estar à altura do desafio. Havia dois dias que olhava para a tela do computador sem saber por onde começar quando recebi uma mensagem no celular. Era uma colega de escola com a qual não falava havia mais de trinta anos. Ela não o conheceu, mas decidiu me procurar para me contar um sonho. Estávamos as duas em um carro com você e aquela outra amiga que me convenceu a ir encontrá-lo no Recife quando começamos a namorar. Também nos acompanhavam inúmeros seres de luz. Fomos a um restaurante decorado com luzinhas coloridas, onde você insistia que deveríamos comer galinha. No final do sonho, você dizia a ela que eu estava perdida na névoa e lhe pedia para me avisar que não me preocupasse, porque estaria sempre iluminando o meu caminho. Mais uma vez, confiei na sua intuição e me pus a trabalhar.

Quando acompanhei a sua entrevista para a *Folha de S.Paulo*, pensei que fazê-lo falar sobre o que estava vivendo e sentindo seria uma ótima terapia para você e um belo ritual para nós dois. O convite para escrever o livro foi o pretexto perfeito para colocar o meu plano em prática. Você disse que só conseguiria realizar o projeto com apoio de um jornalista e eu, prontamente, me candidatei à função. Adorava ouvi-lo descrever suas dores e privações com tamanho bom humor e poesia, e me emocionava com o privilégio de participar do seu processo de transformação.

Todavia, o que mais me encantava eram as suas confissões de amor, que me proporcionavam momentos de total plenitude. A declaração mais bonita foi gravada dois dias antes de você morrer, em uma das nossas muitas despedidas. Foi o seu último depoimento, que transcrevo literalmente, para que a nossa história de amor se perpetue neste livro.

A fase mais intensa da despedida foi quando eu já saía, quando eu já me despedia da vida. E foi aí que este livro se transformou (choro) na grande declaração do amor que eu vivi. Eu nunca imaginei que ia ter uma mulher cúmplice, ter uma mulher cúmplice de tanto detalhe difícil, complicado, dolorido. Eu diria que até insano. Eu

DE: ANNA. PARA: GILBERTO

acho que raros homens têm o privilégio de ter esse tipo de apoio. Não era algo automático. Era uma entrega para uma pessoa que quase já não estava mais na vida.

Eram momentos superdifíceis, de vômitos, de diarreias, de dores. Não era uma questão mais de se eu ia ou não viver. Era uma questão de que eu já estava indo embora. E isso exigia mil detalhes, mil parcerias, mil arranjos. Mas era uma coisa infinita de remédios, de xaropes, de... Porque era o tratamento paliativo mesmo. O que me emociona não é, neste caso, estar indo embora. É esta vinculação afetiva que eu nunca sonhei, nunca sonhei, nunca sonhei ter em toda minha vida. Então, este livro mostra o prazer infinito de ter uma pessoa (choro) que estava do lado o tempo todo, que estava do lado o tempo todo, e que é um sentimento nobre, não só para mim, mas para toda uma comunidade, todo um povo, todo um país.

Eu não costumo chorar assim. É muito raro. Eu não costumo chorar assim, mas este choro é o mérito de um grande amor, em que eu fui muito abaixo dela. Eu agradeço por ter conhecido esta cumplicidade. E, neste momento, o meu livro acaba.

POSFÁCIO:
DIAS DE VIRAR LIVRO

Eu sou o tema da minha última reportagem. Não houve vaidade nessa escolha. Decidi escrever este livro para produzir um relato jornalístico sobre como enfrentei uma doença grave e descrever esta experiência a partir do meu olhar. Mesmo tendo perdido o interesse pelo jornalismo tradicional, desta vez tinha todos os elementos em mãos para fazer uma boa reportagem. Poderia investigar o assunto à exaustão, analisando seus diferentes ângulos ao longo de vários meses. Além disso, a pauta era inédita, uma vez que só a Anna conhecia os detalhes desta trama. Por fim, o convite partiu do Carlos Andreazza, jornalista como eu.

A proposta surgiu a partir da entrevista que dei para Ana Estela de Sousa Pinto, repórter da *Folha de S.Paulo*. Falei apenas o que estava sentindo e recebi uma enxurrada tão grande de mensagens comovidas que parecia até escritor de autoajuda. Por isso, sentia pavor de que o meu livro derivasse para algo do gênero. A forma como cada um vive o câncer é muito peculiar. Não tinha a menor intenção de oferecer dicas ou receitas sobre como lidar com a doença.

Também não queria escrever um livro de ficção. Nos meus tempos de redação, fui daqueles chefes que dizia idiotices para os repórteres do tipo: "Não deixe que a realidade estrague um bom furo." Jornalista gosta de exagerar, mas não há nada de inventado nesta reportagem.

Consegui falar sobre o que foi a minha vida desde a infância já com a ótica do fim e a coragem de quem não precisa mais medir as palavras, nem as consequências.

Anna foi o meu termômetro. Como conhecia todas as minhas falsidades e autoenganos, não me deixava mentir. Assumiu o papel de *ombudsman* e parceira. Eu não tinha mais forças para fazer o trabalho sozinho, portanto produzimos a obra a quatro mãos. Melhor assim, pois transformamos a sua feitura em mais uma de nossas cumplicidades, quase um jogo de casal. O livro acabou ganhando ares de uma grande história de amor. Dizia a ela que tínhamos nos encontrado para escrevê-lo.

À medida que gravava meus depoimentos, inúmeras imagens se formavam na minha cabeça: o jardim, os quadros, o pôr do sol, a Vila Madalena. Tive vontade de compartilhá-las, mas não por meio de fotografias. Pensei em convidar um ilustrador para fazer parte do projeto e me lembrei do Paulo von Poser, artista plástico que retrata as duras paisagens de São Paulo com flores e muita delicadeza. Fiquei feliz quando ele aceitou participar da narrativa, porque trouxe consigo mais um olhar para o livro e para a minha vida.

Eu era calado por natureza, mas o Paulinho é daqueles conversadores excepcionais, que fazem esculturas com as palavras. Passava horas me relatando as viagens que fez com seus alunos para dar aulas de desenho em países exóticos, como China e Japão. Dentre as coisas que me contou, a mais importante foi que também esteve nesta zona cinzenta entre a vida e a morte. Ele contraiu o HIV bem antes do coquetel de retrovirais ser disponibilizado. Os médicos diziam que o seu caso era muito difícil e ele se desesperou. Andava a esmo pela Rua Augusta, entrava em vários cinemas, via um filme atrás do outro. Em um determinado momento, ficou sem dinheiro. Não tinha como pagar o aluguel do apartamento em que morava e precisou se mudar para uma casa abandonada da sua

POSFÁCIO: DIAS DE VIRAR LIVRO

família. Pensou em se matar, mas, ao invés disso, começou a pintar rosas em cenários paulistanos. As obras fizeram enorme sucesso. Paulinho foi salvo pela arte. Com o tempo, o HIV tornou-se indetectável em seu organismo. Nossas histórias se encaixavam. Para lidar com a proximidade da morte, nós dois encontramos força e resistência na beleza.

Quando digo no título do livro que esses foram os últimos melhores dias da minha vida, não quero dar a impressão de que não vivi outros grandes momentos. Lembro com emoção do nascimento dos meus filhos e do meu neto, de vários eventos compartilhados com a Anna, das minhas realizações profissionais, das caminhadas em Nova York, Roma e Paris, dos concertos no Jazz at Lincoln Center com o Central Park de pano de fundo, do Zeca falando vovô Gil pela primeira vez. Não há como traduzir a alegria provocada por essas experiências. No entanto, todas aconteceram em um contexto de "normalidade". Eu me arrisco a afirmar que os melhores dias vividos após o câncer foram mais cúmplices, profundos e felizes justamente porque transcorreram em um cenário de anormalidade.

Ao longo dos meus 63 anos, enfrentei muitos desafios: realizei investigações jornalísticas em áreas de alto risco, tratei os meus desvios neurológicos, combati o excesso de bebida. Contudo, a solução para estes problemas estava nas minhas mãos. Nunca atravessei situações tão difíceis quanto as que vieram depois da doença, porque não tinha controle algum sobre o seu desfecho.

No entanto, quanto mais o câncer me subtraía, mais eu conseguia agregar novas dimensões à minha existência. A diferença estava na maneira criativa com que olhava para a realidade à minha volta. Fui um bom repórter porque tinha a capacidade de ver o que ninguém mais via. Portanto, minha percepção já estava treinada para descobrir o inusitado. Era o meu olhar que fazia o mundo ficar mais belo quando via o colorido das flores refletidas na janela.

A felicidade que experimentei nos meus últimos melhores dias não foi provocada por algo extraordinário. Nada disso. Sentia um contentamento gigantesco pelo simples fato de estar vivo e poder compartilhar os meus últimos melhores dias com as pessoas que me cercavam. Para alguém que passou a vida toda desconectado, apavorado e ansioso, aquela sensação era estupenda, como deve ser para a taturana quando se reconhece como borboleta.

AGRADECIMENTOS

Marcos, Gabriel, Joana, Zeca e Flora, que este livro também possa perpetuar o imenso amor que sentimos por cada um de vocês.

Agradecemos a cumplicidade amorosa de nossas famílias: Dimenstein, Athias, Penido e D'Almeida. Esther, Tania, João Paulo, Tina, Jean, tias e tios, irmãs e irmãos, cunhadas e cunhados, primas e primos, sobrinhas e sobrinhos, Daniella e Adriana, nossa aventura se tornou muito mais leve porque compartilhada com vocês.

Muita gratidão à delicadeza dos profissionais de saúde que nos ampararam nas clínicas e hospitais que atravessaram o nosso percurso. Dr. Paulo Hoff e equipes da OncoStar e do Vila Nova Star, Dra. Ana Cláudia Arantes e equipe da Casa Humana, Dr. Frederico Teixeira e equipe, Dra. Luciana Ragazzo, Dr. João Paulo Nogueira, Dr. César Câmara, Dr. Miguel Srougi, Dr. Luiz Tenório Siqueira, Dra. Alice Lobo, a amizade de vocês fez com que cada consulta e tratamento trouxessem consigo a boa expectativa de rever pessoas queridas.

Nossos agradecimentos especiais às Lulus, por não terem largado as nossas mãos. A Nalvinha e Seu Humberto, pela parceria que nos permitiu vencer os desafios do cotidiano. A Paulo von Poser, por agregar arte, colorido e beleza ao nosso projeto. A Carlos Andreazza, Ana Estela de Sousa Pinto e Juliana Linhares, por nos convidarem a contar a nossa história. A Vitor Barão, por retratar o nosso amor. A Luisa Reikes, pela paciência de nos escutar e transcrever. Ao Ponto de Luz e à Villa Luzes do Céu, pela acolhida durante a gestação deste livro. A Bibi e Kits, pela escuta cheia de encorajamento.

Gratidão profunda também à enorme rede de afetos que continua nos embalando com suas orações, vibrações, gentilezas e cuidados.

Este livro foi composto na tipografia Minion Pro,
em corpo 11,5/16, e impresso em
papel off-white no Sistema Cameron da
Divisão Gráfica da Distribuidora Record.